ENCYCLOPÉDIE A. L. GUYOT

H. de GRAFFIGNY et [illegible]

LE TAPISSIER DÉCORATEUR

Avec Figures explicatives

PARIS

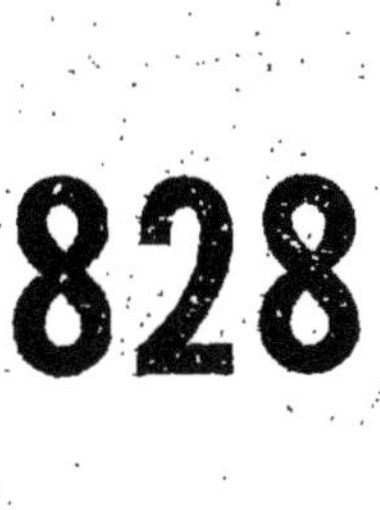
828

LE TAPISSIER DÉCORATEUR

OUVRAGES DU MÊME AUTEUR

publiés dans la

COLLECTION A.-L. GUYOT

Télégraphie et Téléphonie sans fil
Le Menuisier amateur
Le Mécanicien amateur (1re partie)
Le Mécanicien moderne (2e partie)
Le Jeune Electricien amateur
Manuel du Cycliste
Manuel du Conducteur d'automobiles
Les Petits Travaux d'amateurs
Cent Expériences de physique
Cent Expériences de chimie
Cent Expériences électriques
Les Aventures d'un Aéronaute
10.000 kilomètres en ballon
Le Tour du Monde en Automobile (4 vol.)
Les Cerfs-Volants (Construction et manœuvre)
L'Electricien moderne

LE TAPISSIER DÉCORATEUR

Comment poser soi-même les rideaux, tapis, tentures, ornements divers et organiser l'ameublement des pièces des appartements

PAR

H. de GRAFFIGNY

ET

H.-M. AUDRAN

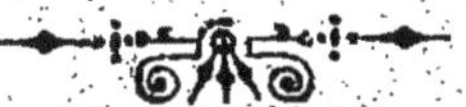

PARIS
Collection A.-L. GUYOT
20, Rue des Petits-Champs, 20

LE TAPISSIER DÉCORATEUR

I

Rôle du Tapissier. — Confection des rideaux

L'art du tapissier présente plus d'un rapport avec celui du peintre décorateur, aussi l'ouvrage que nous publions ici est-il la suite logique et le complément du volume de la *Collection Guyot* consacré à la peinture (1). Pour l'amateur surtout, les deux arts doivent se confondre, et de cette réunion doit provenir une heureuse harmonie, un goût parfait si rare dans la plupart des intérieurs.

Evidemment, nous ne prétendons pas, en si peu de pages, initier le lecteur à toutes les connaissances techniques et tours de main qu'exigerait un travail d'art véritable, mais simplement faciliter les travaux rentrant dans ce métier que tout le monde peut exercer à la condition de posséder du goût et de l'originalité.

Le travail artistique du tapissier décora-

(1) *Le Peintre décorateur*.

teur est d'autant plus intéressant à pratiquer par soi-même, qu'il est toujours fort coûteux de recourir aux professionnels, car c'est la main-d'œuvre surtout qui coûte. De plus, dans ces travaux de décoration intérieure, la femme joue un rôle des plus importants, car il faut doubler des rideaux, fixer les draperies, déformer les plis et les têtes des tentures, etc., ce qui double le plaisir et la valeur de l'ouvrage terminé.

Pour la confection des rideaux qui nous occuperont tout d'abord, on emploie une foule d'étoffes différentes, suivant le genre du mobilier, le style, et surtout les ressources dont on dispose. Depuis les lampas de soie, les damas, les velours, les peluches, jusqu'aux reps, et aux simples cretonnes, il y a une marge énorme pour tous les goûts et pour tous les moyens, sans exclure jamais la distinction, car une étoffe bon marché est souvent mieux à sa place qu'une autre de grand prix, lorsqu'elle s'harmonise avec le mobilier, le cadre auquel on la destine.

Les rideaux se doublent toujours, surtout lorsque l'étoffe est légère et a un envers déplaisant. Suivant la qualité des tissus on les double de lainage, de soie ou de percalines lustrées, satinettes, etc. Pour obtenir certains effets de confortable et de richesse dans les plis des étoffes de valeur, on en ouate certaines parties. La doublure doit être de couleur unie et se rapprocher de la nuance dominante des rideaux.

La hauteur des rideaux varie suivant la hauteur des murs de l'appartement ; elle est en moyenne de 3m à 3m50.

Les grands rideaux de fenêtre comportent un grand nombre de variétés : à l'italienne, à bâton, à têtes flamandes, à galerie, à bandeaux, à cautonnière, à pente, à lambrequin. La diversité de ces rideaux réside plutôt dans l'armature qui les soutient que dans la confection du rideau lui-même.

Les rideaux à l'*italienne, à têtes flamandes* et à *lambrequin* sont les plus adoptés et nous occuperont seuls.

Sous le nom général de tentures à l'italienne on désigne toute espèce de draperie dont la forme et l'ornementation rappellent par un côté ou par un autre l'art décoratif et ornemental de ce pays. Aussi les rideaux et portières drapés à l'italienne sont relevés par leur milieu avec une passementerie, une cordelière ou même une écharpe, pour aller s'accrocher au haut du rideau, toujours d'un seul côté.

Les *têtes flamandes,* qui paraissent le plus souvent ne servir qu'à grouper les plis des rideaux, sont souvent de purs ornements rapportés sur la tête du rideau, dont on cache la couture de raccord en la couvrant soit d'un câblé soit d'un galon. On proportionne ces têtes, dont la hauteur varie de 18 à 20 centimètres, avec celle des appartements.

La tête flamande simple s'obtient en formant avec du bougran recouvert de l'étoffe choisie une espèe de cornet évasé du haut et cousu par derrière, dans son sens vertical, sur la tête du rideau. Ces têtes peuvent être doubles ou triples. Pour cela, on procède de même pour chaque cornet et l'assemblage seul diffère. Dans les têtes doubles, on réunit les deux cornets ensemble ; dans les têtes triples, le troisième se superpose sur les deux premières. Si l'on désire faire les trois cornets dans le même morceau d'étoffe, il faut avoir soin de ménager, pour le cornet du milieu, une partie plus haute.

Il y a différentes manières d'agencer les têtes flamandes : on peut les faire toutes simples ou alternées. Lorsque le rideau est haut et large, on peut finir les extrémités par trois têtes doubles, en mettre une au milieu, puis alterner entre par deux têtes doubles.

On dissimulera les raccords avec le corps du rideau, en appliquant à la base des têtes, des nœuds, des choux, des rubans, de petites rosaces, etc.

Dans les rideaux communs, ce sont les plis qu'on donne à l'étoffe qui constituent les têtes courantes des rideaux vendus confectionnés.

La galerie est le complément obligatoire de certains ameublements car chaque style possède son genre de galerie qui lui est propre et sur laquelle vient reposer le baldaquin. La galerie a l'avantage très appréciable de dissimuler la tête des rideaux, ce qui simplifie leur confection et de décorer le haut des portières et des fenêtres.

On trouve aujourd'hui, dans le commerce, des galerie des styles les plus variés et les plus fantaisistes qui peuvent s'utiliser, surtout les derniers, pour un boudoir, un cabinet de toilette, salle de bains, fumoir, etc. Dans ce cas, l'amateur se trouvera bien d'acheter ces galeries en bois blanc, et de les peindre et décorer suivant son caprice.

II

Les Draperies

La science du tapissier ne consiste pas seulement à faire de riches décors avec des étoffes de prix, ce qui n'est pas à la portée du plus grand nombre, mais aussi à exécuter avec des étoffes presque ordinaires, des draperies, des agencements qui rivalisent avec les modèles les plus recherchés.

Il faut convenir cependant qu'avec les étoffes soyeuses, souples ou épaisses, on obtient les plis plus fondus, plus moelleux qu'avec des tissus inférieurs, mais on corrige ces défauts à l'aide de doublures, car sans fermeté et sans une consistance raisonnable, on ne peut obtenir dans le travail ce fini d'exécution qui lui donne le plus de valeur.

C'est au moyen âge qu'il faut remonter pour trouver l'emploi des draperies aux fenêtres ; on les appelait *pentes*. Elles prirent plus tard le nom de *lambrequins*, et servirent à décorer les galeries des fenêtres, les ciels de lit, les portes, etc., dissimulant par la richesse de leurs contours la rigidité monotone des longues lignes.

Le lambrequin s'attache aussi bien sur des galeries en bois doré, en planches garnies de peluche ou de velours que sur une simple flèche ou lance.

Nous ne pouvons indiquer ici comment on peut tracer soi-même les motifs divers qui concourent à l'exécution d'un lambrequin, d'un baldaquin, d'un drapé de cheminée, de piano ou de chevalet. C'est à chacun à s'ingénier pour obtenir les meilleurs résultats, en faisant des essais avec des papiers légers, des doublures, avant de s'attaquer à l'étoffe elle-même. Presque toujours ces draperies se composent de différentes parties, ce qui simplifie beaucoup l'exécution ; mais si l'on dispose d'un modèle, rien ne sera plus facile que d'en prendre le patron et on évitera ainsi la plus petite perte d'étoffe.

Dans les lambrequins il y a deux sortes de chutes, les *chutes tombantes* et les *chutes retroussées*. Les chutes tombantes sont celles qui présentent dans leur parcours une interruption formée soit par une passementerie, soit par un ruban ou un fragment d'étoffe les relevant dans leur course pour en augmenter l'effet décoratif.

A l'aide des catalogues illustrés, albums divers, il est facile de faire son choix sur le genre de draperie à exécuter, puis, de tracer sur du papier gris d'emballage, avec de la craie, le dessin du lambrequin et de l'appliquer contre la fenêtre pour juger de l'effet et de l'exactitude des mesures. Si le dessin est régulier des deux côtés, on peut se contenter de dessiner le papier d'un seul côté, car en le pliant en deux on pourra le découper pareillement.

La *draperie* ou *feston*, aux formes si variées, peut s'exécuter le plus souvent sans découper l'étoffe ; il en est de même pour une foule d'applications où le surplus des draperies sert à former des têtes ou choux. Seulement lorsqu'il y a symétrie dans l'ornementation, il y a obligation de couper l'étoffe par le bas pour lui donner le contour du dessin.

Pour obtenir des festons drapés sur une ligne horizontale, ce qui se présente dans une foule de combinaisons, soit qu'on le place horizontalement, soit un peu en biais sur le fond, voici la manière d'en obtenir le patron. On commence d'abord (fig. 1), par tracer une ligne horizontale A B déterminant le haut de la draperie et sa largeur ; puis ensuite on fait par le milieu une perpendiculaire C D sur laquelle on détermine en O la plus grande largeur qu'on devra donner à la draperie ; on ajoute de O en D le surplus estimé nécessaire pour donner de l'ampleur aux plis, ensuite on abaisse des verticales de A en E et de B en F, ce qui donne un carré ou un rectangle représentant les dimensions exactes comme largeur du feston seulement puisque la largeur O D qui est en trop doit servir à former les plis ; alors, prenant la moitié de la largeur du feston, soit une longueur de D en F, on divise cette

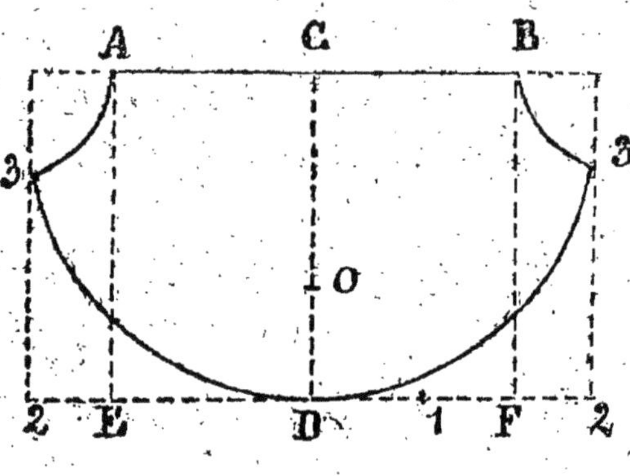

Fig. 1.

longeur en deux parties égales, on prolonge de chaque côté la ligne E F à droite et à gauche et on reporte sur les lignes où on prolonge la mesure 1 F, ce qui donne 2 E et 2 F. On fait passer des verticales par ces deux nouveaux points en leur donnant comme hauteur la hauteur même de la draperie, soit A O, on obtient alors les nouveaux points 3, 3 que l'on rejoint d'un côté par une courbe de A en 3 et de 3 en D, en répétant la même opération de B en 3 et de 3 en D, ce qui donne le patron exact qui doit servir à découper l'étoffe pour former le feston.

On réunit alors le point 3 au point A et le point 3 au point B pour former les plis. On ajoute ensuite les chutes et les choux, à moins qu'on ne les ait ménagés dans l'étoffe. Nous n'avons pas à rappeler que lorsqu'il y a des franges et des galons, on doit les appliquer et coudre sur l'étoffe avant l'assemblage.

Lorsque le feston repose sur une galerie cintrée, comme porte, fenêtres, alcôves, baies, etc., la difficulté n'est pas plus grande, mais cela exige des mesures spéciales et un peu plus d'attention de la part du tapissier amateur.

On donne le nom d'*écharpes* à des draperies attachées par leurs deux extrémités et tombant en une courbe gracieuse. Si les extrémités de l'étoffe retombent sur la draperie on les désigne alors sous le nom de *queue d'écharpe* et peuvent se terminer alors par un gland.

S'il s'agit maintenant d'un *lambrequin à plat,* le plus simple comme exécution et aussi le plus fréquent, on en trace d'abord très exactement le dessin, on le pose sur une étoffe pliée en deux, puis on trace à la craie la moitié du décor ; cela fait, il n'y a plus qu'à découper l'étoffe, en suivant bien les contours et les moindres détails de décoration, de manière à obtenir, une fois déplié, un lambrequin parfaitement conforme au modèle choisi ou créé.

III

Pose des grands rideaux de fenêtre

Il est toujours utile, dans une maison, de savoir poser les grands rideaux, si l'on veut, quand on emménage, être servi de suite, et dans le courant de l'année, réparer ceux qui ont cessé de bien fonctionner.

Voici comment il faut opérer. Après avoir choisi une tringle solide, en fer ou en cuivre, percée d'un trou à chacune de ses extrémités, vous présentez votre tringle au-dessus de la baie de la fenêtre, et aux points que vous indique l'écartement des trous de la tringle, vous enfoncez les deux supports d'acier, surmontés de petites tiges verticales qui pénétreront dans les trous de la tringle.

L'un des supports est muni d'une petite poulie horizontale et l'autre de deux poulies verticales. Si rien ne l'empêche d'après la disposition des meubles, on placera à droite le support à deux poulies. Vos deux supports étant en place, vous assurez, avant de les enfoncer trop profondément, que la tringle s'y adapte bien ; cela fait vous les enfoncez à la profondeur nécessaire, de manière que les rideaux ne soient pas trop plaqué contre les fenêtres, au cas où celles-ci seraient à fleur des murs intérieurs.

La tringle étant bien à sa place, on la soulève d'un côté seulement, pour enfiler l'un après l'autre, tous les anneaux des deux rideaux, et on la remet dans sa position première, en ayant soin d'accrocher le dernier anneau, aux tiges des supports, aussi bien du côté droit que du gauche. Cette précaution rendra le rideau fixe.

Pour ajuster les cordons de tirage, qui doivent toujours être de bonne qualité et assortis de couleur avec les rideaux, vous fermez les rideaux et les assujettissez l'un à l'autre avec une forte épingle ou un bout de ficelle. Prenez 7 mètres de cordon, en moyenne ; fixez par un simple nœud, à 2m50 d'un des bouts de ce cordon, le premier anneau de la partie gauche du rideau,

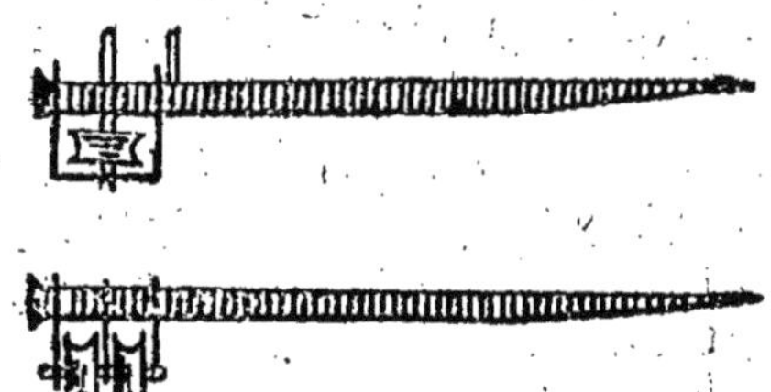

Fig. 2. — Supports pour placer les rideaux de fenêtre.

près de là où les deux rideaux se séparent ; on passe ce bout de 2m50 dans l'anneau suivant de droite, et ainsi de suite dans les autres, puis sur l'une des deux poulies verticales et on le laisse pendre.

On passe l'autre bout du cordon à travers les anneaux du rideau de gauche qui font suite au premier anneau sur lequel vous avez noué votre cordon, on l'introduit sur la poulie horizontale, et on le passe de nouveau dans les anneaux du milieu et dans l'anneau noué ; on tend modérément le cordon, on le lie par un nœud serré à l'anneau A', on passe le bout de la corde dans les anneaux suivants et sur la seconde poulie de droite, et on laisse pendre ce qui reste.

Il est à noter que le cordon ne doit jamais passer dans les anneaux qui sont immobilisés sur les tiges des supports. Détachez maintenant la ficelle qui retenait les deux côtés du rideau et faites fonctionner les cordons pour vous assurer que tout marche bien. A l'aide de quelques petites pointes, clouez à plat sur le mur les côtés extérieurs des rideaux afin de masquer la tringle et les poulies, et, pour terminer, ornez l'extrémité de vos cordons de tirage de glands de bois ou d'étoffe pour les chambres et salles à manger, et en cuivre doré pour le salon.

Pose d'une portière

N'importe qui peut poser une portière, sans recourir au tapissier, qui n'est pas toujours à notre disposition, lorsqu'on en a besoin, surtout si l'on habite la campagne.

Si vous n'avez pas les accessoires indispensables, il est facile de se les procurer chez tous les quincailliers, ou de fabriquer soi-même les planchettes de bois dont on aura à se servir.

S'il s'agit d'adapter une portière à une porte simple s'ouvrant en dedans, c'est-à-dire du même côté que la portière devra être placée, il faut d'abord fixer contre les montants de la porte deux supports ou tiges de fer à coudes qui sont maintenus à l'aide de vis, et qui supportent une planchette de bois, également vissée, comme l'indique la quatrième figure.

La planchette de bois blanc **A** et les tiges en fer **B** et **C** doivent être habillées d'une étoffe pareille à la doublure de la tenture ou d'une serge verte ou rouge. Comme on le voit, la planchette dépasse assez sensiblement la largeur de la porte afin que la portière masque complètement les fentes de la porte par où l'air pourrait pénétrer, et que relevée sur le côté comme un rideau, si on le désire, elle ne découvre pas la monture, ce qui serait très disgracieux. La hauteur à laquelle la planchette **A** doit se trouver au-dessus de la porte dépend de l'endroit où l'on vissera les parties inférieures des tiges, eu égard à la hauteur du plafond. D'ordinaire on aligne la traverse avec la naissance de la corniche, ou avec la tête des rideaux de fenêtre ; il faut, dans ce cas, se régler sur la hauteur des tringles. Comme le bois de certaines portes est très dur, et que les vis n'y pénètrent pas aisément, il faut avoir soin de les graisser ce qui facilitera beaucoup votre besogne.

Si la porte est à deux battants, la portière doit être double, et pour les deux battants on opérera comme il est dit ci-dessus, mais

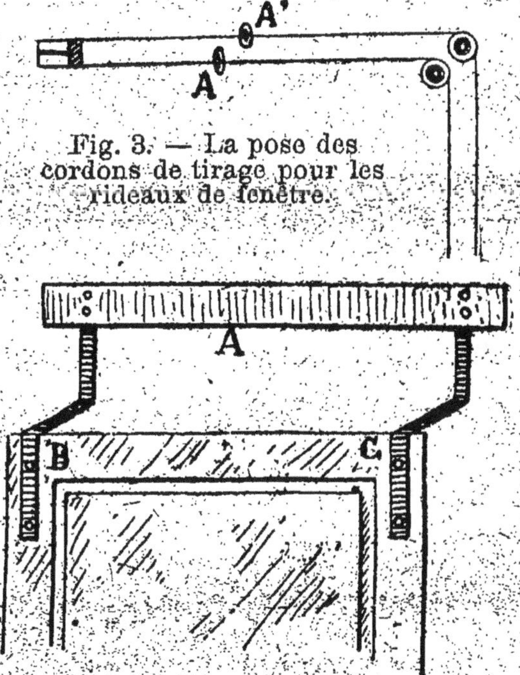

Fig. 3. — La pose des cordons de tirage pour les rideaux de fenêtre.

Fig. 4. — Support pour la pose d'une portière.

on donne aux traverses une longueur un peu inférieure à la largeur des battants, c'est-à-dire environ un bon centimètre de jeu entre les deux traverses, et, afin que les tiges de fer ne soient pas visibles, on drape le haut des portières de façon qu'elles retombent presque verticalement jusqu'au niveau les embrasses.

La portière est fixée, dans les deux cas, sur la planchette A, à l'aide de petites pointes (semences) à tête noire, qui sont invisibles à l'œil nu, et on impose aussi à la draperie les plis et les ondulations qui s'harmonisent le mieux avec le genre de porte et le style de la pièce.

Il arrive assez souvent que la porte s'ouvre de dedans en dehors ; dans ce cas, il ne faut point procéder de la même façon : vous clouerez votre portière directement contre la cloison, ou, ce qui est préférable, vous clouerez d'abord une planchette habillée de calicot rouge contre le mur, afin de moins dégrader, ou encore vous fixerez votre portière, surmontée d'anneaux, comme s'il s'agissait d'un simple rideau.

Décor de fenêtre

Voici, en premier lieu, la liste des fournitures nécessaires pour l'agencement d'une fenêtre de 1m40 de largeur, chambranle compris, dans une pièce dont le plafond est élevé de 3 mètres.

Bâton de cuivre ou de bois doré avec supports et anneaux	17 »
Petite tringle, fer ou cuivre creux de 1^m45 de long	2.35
2 bras-pointes à poulies	0.90
10 petits anneaux de cuivre	0.50
6^m90 broché à 4 fr. 50 en 1^m30 de large..	31.05
6^m90 doublure orientale à 3 fr. 60 en 1^m30.	24.85
6^m90 de molleton à 1 fr. 75	12.10
8^m70 dentelle de 14 centimètres de haut à 2 francs	17.40
3^m30 frange soie à 1 fr. 75	5.75
7 mètres cordon de tirage en soie à 25 centimes	1.75
Total......	113.65

On peut abaisser sensiblement cette dépense et réaliser une économie sur la garniture dorée (il en existe depuis 8 fr.) en remplaçant l'Orientale par une *Alsacienne* à 2 fr. 20 le mètre, en supprimant le bandeau qui, à lui seul, demande 75 centimètres d'étoffe de molleton et doublure ; en choisissant une frange et une dentelle dont le prix soit moins élevé que celui prévu au devis.

Pour le même décor en satinette ou cretonne, avec garniture en cuivre au prix de 10 francs :

Garniture, tringle, pointes, etc.	11.75
11^m70 cretonne en 0^m80 à 1 fr. 45........	16.10
1^m75 satinette pour bandeau et embrasse..	3.45
15^m20 de frange à 0 fr. 60	9.10
Total........	40.40

Voici maintenant la méthode à suivre

pour reproduire ce décor de fenêtre dont notre gravure (fig. 5), représente l'aspect. Ces explications peuvent, bien entendu, s'appliquer quelle que soit la richesse de

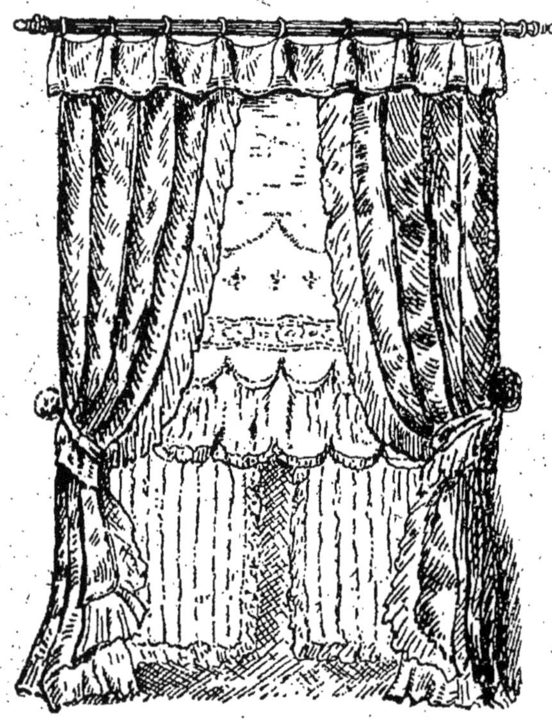

Fig. 5. — Décor de fenêtre.

l'étoffe employée dans la confection des rideaux, ces travaux de préparation ne présentant, ainsi qu'on va pouvoir s'en rendre compte, aucune difficulté particulière.

Tout d'abord, il convient de prendre les dimensions suivantes :

Hauteur depuis le parquet jusqu'au bas de la corniche.

Hauteur depuis le parquet jusqu'en haut du chambranle.

Largeur totale, chambranle compris.

Intervalle séparant le chambranle de la corniche, ou bien, si la fenêtre comporte des impostes, intervalle du battant à la corniche.

Il est indispensable, pour le placement du bandeau, qu'une distance relativement assez grande sépare la fenêtre du plafond, ou bien que l'embrasure soit très profonde. Les rideaux glissent à droite et à gauche pour permettre à la fenêtre de s'ouvrir tandis que le bandeau reste immobile. Si donc il retombe trop bas devant la fenêtre ou trop près des battants, il risquera d'être pris ou déchiré entre ceux-ci lorsqu'on refermera la fenêtre. On n'a d'autre ressource, dans ce cas, que de supprimer ce bandeau et de coudre les anneaux du bâton directement aux rideaux.

Cependant, au cas où l'embrasure se trouve presque au niveau du plafond et qu'il n'y a pas de place pour un bandeau, on peut tourner la difficulté grâce à l'artifice suivant que j'ai imaginé et qui m'a donné les meilleurs résultats en raison de la commodité qu'il procure. Ce moyen consiste à préparer deux ferrures contre-coudées par battant et à fixer une légère traverse en bois ou une tringle à ces ferrures dont voici ci-dessous la reproduction. Ces supports peuvent être pris dans du feuillard fort, que l'on coupe par morceaux de 25 centimètres de longueur et que l'on coude deux fois sur l'enclume. On perce ensuite quatre trous pour donner passage aux vis fixant le support à la fenêtre d'une part, et maintenant d'autre part à la traverse. Les rideaux, grâce à cette disposition, sont donc indépendants et on peut ouvrir et fermer la fenêtre sans inconvénient.

Pour en revenir à la pose du décor de fenêtre décrit un peu plus haut, voici comment le travail s'exécute :

Couper sur les trois tissus les 75 centimètres destinés à la confection du bandeau; diviser en deux les 5m60 qui restent des étoffes.

On commence le glaçage des doublures de rideaux par le bord qui correspond au milieu de la croisée. C'est celui-ci donc qu'on tend, sans tirer, sur une longue planche, ou, comme nous l'avons dit, sur une rallonge de table ordinaire. Nous tendrons tout simplement notre étoffe à l'aide de punaises de dessinateurs qu'on enfonce au doigt et qu'on enlève de même. En faisant suivre à l'étoffe le bord de la planche, nous sommes assuré de la tendre droit. Si l'étoffe est à disposition, les branchages, bouquets ou tous autres jeux de fond ayant un sens doivent se diriger de bas en haut : point qu'il faut observer dès qu'on tend l'étoffe sur la planche, pour y placer l'une après l'autre les deux longueurs en sens contraire puisque les rideaux sont appelés à se faire face.

Après avoir déterminé le sens de l'étoffe, on y trace à l'envers les lignes de glaçage à l'aide d'une règle plate et de crayon tailleur ou de craie. La première ligne est tracée à 30 centimètres environ du bord intérieur des rideaux, les autres à la suite, de 20 en 20 centimètres ; ce qui en fait 5 en tout dans la largeur de 1m30.

Bâtir la doublure ou le molleton à 1 ou 2 centimètres du bord tendu. (Les beaux rideaux sont toujours molletonnés pour former des plis plus ronds, mais si l'étoffe a beaucoup de corps par elle-même, on peut, au besoin, supprimer le molleton). Le premier bâti posé dans toute la hauteur du rideau, on enfonce une nouvelle rangée de punaises à 5 ou 6 centimètres du bord, qu'on met à découvert en roulant devers soi sur lui-même le molleton ou, à son défaut, la doublure. On le replie le long de ce trait, et l'on exécute le point de glaçage en travaillant de gauche à droite. On pique l'aiguille de droite à gauche, en prenant à la fois un fil ou deux de l'étoffe, un fil ou deux de la doublure, puis, sans tirer complètement le fil, on repique de biais l'aiguille 10 centimètres plus loin en la faisant passer *sur le fil* un peu comme dans le point dit de *feston.* Ce qui donne à ce point, lâche déjà, une telle élasticité que les étoffes se trouvent solidement associées ensemble et ne peuvent retomber, quoique le fil se soit tiraillé dans aucun sens. —

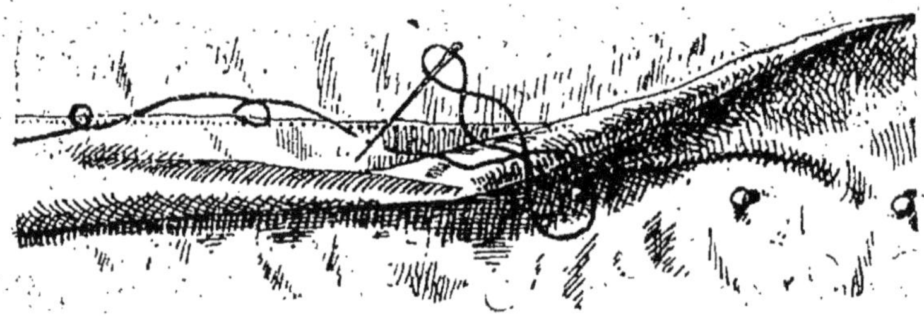

Fig. 6. — Couture des rideaux

On se sert, pour le glaçage, d'un fil au tambour n° 200, ou d'un fil glacé de la même grosseur, dont deux aiguillées suffisent à faire la hauteur du rideau. Arrivé à la fin de l'aiguillée, on ne coupe pas le surplus de fil, mais on se contente d'y faire un nœud comme au commencement.

Le premier trait de crayon une fois couvert, on déroule une partie de la doublure pour lui faire atteindre le trait suivant, et, l'étendant très droit sur l'étoffe toujours tendue, on déplace le second rang de punaises, que l'on repique à 5 ou 6 centimètres du second trait, puis l'on recommence les points de glaçage. On continue ainsi dans toute la largeur du rideau, et quand le molleton est bien bagué on recommence l'opération pour la doublure.

Cette dernière étant posée à son tour on fait, au bord du devant des rideaux, un rentré de 2 centimètres ; on rentre de même le bord opposé, mais seulement de la largeur de la lisière, le haut et le bas sur 1 centimètre et demi en coupant le molleton juste au rempli. On tient tous ces rentrés d'étoffe au molleton par des points de chausson, à l'exception du bord de devant à 1 centimètre duquel on peut faire une piqûre à la machine ; puis on rabat la doublure tout autour presque bord à bord de l'étoffe. Coudre, pour terminer, le volant de dentelle auquel on donne une fois et demie la hauteur du devant et la largeur du bas, comptant de plus 25 centimètres pour le tournant de l'angle.

Bandeau

Compter trois largeurs d'étoffe de 25 centimètres de haut ; les réunir par une couture ouverte au fer. Prendre 25 centimètres sur chacun des bouts pour les choux des embrasses, ce qui réduira la longueur de la bande à 3 mètres 40, mesure suffisante pour une fenêtre de 1m35 de large. Assembler de même trois hauteurs de molleton et de doublure ; faufiler les trois étoffes l'une sur l'autre, les rentrer tout autour et rabattre la doublure sur l'étoffe après en avoir retranché l'excédent ; coudre l'effilé de soie au bord inférieur. Coudre un petit anneau à chaque angle supérieur. Compter à partir de ces angles 15 à 20 centimètres de chaque côté pour les retours du bandeau; et à partir de ce point plier la bande toujours en deux pour placer les anneaux en commençant par celui du milieu et des bouts, en faisant un pli creux en face de chacun de manière à réduire la largeur du bandeau à 2m40.

Embrasses

Elles sont taillées toutes deux dans un rectangle d'étoffe de 45 centimètres de haut sur 90 de large ; on les molletonne et on les double, puis on les garnit d'un volant de dentelle ayant une fois et demie la mesure du bas, dont les fronces sont un peu plus massées dans le milieu qu'aux extrémités. Coudre alors à chaque bout un anneau ou une boucle de cordon qu'on puisse passer sur un clou à crochet planté dans le mur, et qu'on dissimule sous le chou d'étoffe cousu sur l'embrasse.

Si les rideaux sont en toile de Jouy, on peut remplacer tous ces volants de dentelle par d'autres en soie Liberty d'une couleur tranchante.

Pose des rideaux

Enfoncer les bras-pointes à 2m78 du sol. Si ces supports tiennent mal dans l'enduit de plâtre ou s'enfoncent difficilement dans la pierre, pratiquer un avant-trou au vilbrequin, et tamponner ce trou avec une cheville carrée mais taillée en pointe d'un côté et dans le sens du fil d'un morceau de bois blanc (des bouts d'allumettes pourront suffire pour les clous des embrasses), et enfoncée ensuite au marteau. Dans cette cheville planter le bras-pointe au marteau. Les supports du bâton doré peuvent être placés à 15 centimètres au-dessus des bras-pointes, ou seulement à 3 centimètres plus haut.

Coudre aux rideaux les petits anneaux de cuivre : le premier à l'angle du devant, le dernier à 15 centimètres de l'angle extérieur, les autres en pliant toujours le rideau par moitié à partir des deux premiers. On fait un double pli en face de chacun de manière à réduire la largeur du rideau à 95 centimètres. Ajoutez deux tout petits anneaux à l'envers au bord extérieur.

Enfiler les premiers sur la petite tringle de fer ou de cuivre creux, dont les trous correspondent aux chevilles des bras-pointes. Mettre la tringle et les rideaux en place.

Pose des cordons de tirage

Prenez le cordon de tirage, enfilez-le dans la poulie simple du bras-pointe de manière que le bout dirigé du côté des rideaux soit de 60 centimètres environ plus long que l'autre ; passez-les tous les deux dans les quatre premiers anneaux (si ces derniers sont d'un diamètre assez grand pour le supporter) et nouez le cordon le plus long au cinquième de ces anneaux. Rectifiez la position des rideaux afin que leur ouverture se trouve bien au milieu de la fenêtre, et venez nouer l'autre bout du cordon au premier anneau du second rideau en lui donnant assez de jeu pour que les deux anneaux du milieu des rideaux se touchent ; passez les bouts du cordon dans les quatre anneaux suivants, puis séparément dans la double poulie du support ; le bout du côté fenêtre dans la poulie la plus proche de nous sur la figure, celui du côté rideaux dans la poulie la plus éloignée ; car le jeu des cordons se ferait mal (cause d'usure et de casse) si on intervertissait leur position. Manœuvrez-les maintenant, et si les anneaux glissent mal sur la tringle c'est que vous avez fait une erreur quelconque ou bien que ces anneaux ne sont pas assez larges pour supporter les cordons à l'intérieur. Recommencez donc le travail en vous contentant de les nouer aux deux anneaux du milieu avant de les passer dans les poulies du support.

Quand les rideaux sont montés sans le bandeau, qu'on y coud directement les grand anneaux du bâton doré, les cordons de tirage sont posés dans ces derniers et dans les poulies fixées sur le dessus et à l'intérieur du bâton, mais la disposition des nœuds reste la même.

Les cordons de tirage une fois posés, enfoncez deux petits clous à crochet l'un en dessous de l'autre à 3 centimètres de distance à droite et à gauche des bras-pointes et venez y accrocher les petits anneaux des bords extérieurs des rideaux. Enfilez ensuite

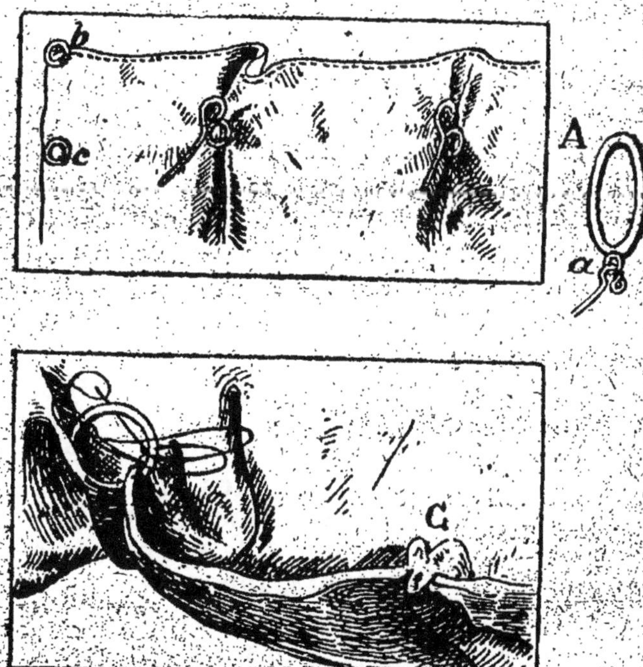

Fig. 7 et 8. — Pose des anneaux.
A. Anneau. — *a*. Attache du fil.

le bandeau sur le bâton, rajustez la pomme de celui-ci, et remettez-le en place ; posez un nouveau petit clou à crochet à 3 centimètres de distance à droite et à gauche des supports de ce bâton destiné à recevoir le petit anneau de l'angle supérieur du bandeau.

Tout ce qui précède s'applique aux garnitures de fenêtres d'un usage courant. Si l'on veut décrocher les rideaux pour les brosser, il faut descendre le bâton et débarrasser les anneaux des cordons, quitte à rattacher ensuite ces derniers. Les crochets cousus aux plis (voy. fig. 7 et 8) sont toutefois plus pratiques, mais ils ne peuvent être employés que dans le cas où le bandeau est supprimé. L'anneau A est enfilé sur le bâton, et avec une série d'autres anneaux identiques, il reçoit tout le jeu des cordons passés dans les poulies dont le bâton est muni. Les crochets sont cousus aux plis des rideaux, un peu en-dessous de la tête, et non plus de champ sur le bord de ces rideaux, come cela se fait aussi. Veut-on descendre les rideaux pour les battre ?.... On glisse les crochets hors du petit anneau que porte, à sa partie inférieure, le grand anneau ; on soulève de la même façon les clous à crochet de côté, dégageant ainsi ces anneaux. Le rideau est alors rendu libre, et le cordon de tirage demeure à la garniture de fenêtre. Les anneaux dont il est question ici se font en cuivre seulement ; ils coûtent 60 centimes pièce avec le crochet et peuvent s'adapter à tous les genres de garniture.

IV

Pose des Glaces et des Tapis

Avec un aide, pour maintenir la glace pendant qu'on la fixe, n'importe qui peut s'acquitter du soin de poser une glace sur une cheminée. Pour cela, il suffit de se procurer des pattes à glace, en fer forgé. Ces pattes, comme l'indique la figure, sont

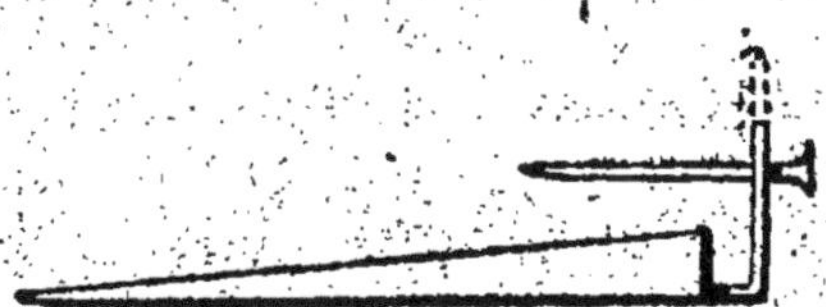

Fig. 9. — Patte à glace en fer forgé.

terminées à l'une de leurs extrémités par une partie plate, percée d'un trou au centre. La partie destinée à pénétrer dans le mur est de forme triangulaire très allongée. La partie plate sort du mur et le trou dont elle est munie doit recevoir la pointe qui maintiendra l'objet à fixer, glace, tableau, bibilothèque, armoire à glace, etc.

La pose de ces pattes exige quelques précautions, il faut remarquer qu'elles ont ordinairement à résister à des efforts perpendiculaires au plan du mur ; si ce mur est une cloison en bois, la patte ne s'arrachera jamais sous la simple traction de l'objet qu'elle maintient, et, la direction dans laquelle on l'enfonce n'a pas d'importance. Mais s'il s'agit d'un mur en pierre, brique ou plâtre, voici de quelles façons il faut procéder.

On peut, à l'aide d'une mèche, percer dans le mur des trous correspondant aux emplacements que doivent occuper les pattes et y loger des tampons de bois, dans lesquels on enfoncera la patte, mais ce procédé dégrade les murs et prête à réclamations lorsqu'on déménage. On ne doit l'employer que pour soutenir des meubles très lourds.

Procédez donc, en général, de la manière suivante : N'enfoncez pas la patte perpendiculairement à la surface du mur, comme on le fait pour un clou, mais inclinée sur cette surface, et de façon que la partie plate vienne s'appliquer sur le meuble à retenir.

Ainsi, pour poser une glace sur une cheminée, vous commencez par enfoncer perpendiculairement dans le mur deux ou trois pattes, sur la ligne que doit occuper le bord inférieur du cadre de la glace. Ces pattes formeront support comme l'aurait fait le marbre de la cheminée. On enfonce les pattes de côté, comme nous venons de le dire plus haut, de manière que la partie plate soit sensiblement plus haute que la pointe, afin d'éviter l'affleurement avec le cadre de la glace, ce qui pourrait provoquer un accident.

Si, pour plus de solidité, on désire en fixer la partie supérieure, deux suffiront et on les enfoncera obliquement comme les précédentes, de façon que les parties plates soient dirigées respectivement vers les angles de la glace au lieu de l'être vers le milieu, c'est-à-dire que ces deux parties s'écartent au lieu de se rapprocher l'une de l'autre.

Il n'est pas sans intérêt d'indiquer à nos lecteurs novices, comment on enfonce une patte. Si vous l'enfoncez comme un clou, ce qui a lieu le plus souvent, la partie plate se tord ou se casse aux premiers coups de marteau. Pour la faire pénétrer dans le mur, commencez à frapper du marteau sur son épaulement. Lorsqu'elle sera suffisamment enfoncée, prenez de la main gauche un ciseau à froid *bien émoussé*, appuyez sur l'épaulement et de la main droite frappez du marteau l'autre extrémité du ciseau. Remarquez que nous disons que le ciseau à froid doit être émoussé, c'est-à-dire non tranchant, car le ciseau, dans ce cas, casserait la patte.

Pour les armoires à glace ou autres meubles, calez-les bien de façon qu'ils touchent le mur, et procédez de même pour la pose des pattes.

V

Pose des Tapis

On n'a pas toujours à sa disposition — sous la main, pourrait-on dire — dans le pays que l'on habite, un ouvrier capable d'exécuter les divers travaux entrant dans la catégorie du métier de tapissier, et notamment la pose des tapis. Il nous semble donc utile de décrire ici cette opération, à l'intention des personnes de bonne volonté mais inexpérimentées qui voudraient exécuter elles-mêmes ce travail qui ne présente, en somme, aucune difficulté particulière. Voici d'ailleurs, ce qu'a écrit à ce sujet un spécialiste en la matière : M. Henri Mercier.

Coupage et préparation d'un tapis neuf

Les moquettes pour appartements mesurent ordinairement 70 centimètres de largeur. Il s'agit donc, tout d'abord, de calculer, d'après cette première donnée, les dimensions de la pièce à recouvrir étant connues, de déterminer le nombre de lés nécessaires pour couvrir toute la surface du parquet, sachant que la tête du dessin doit être dirigée du côté des croisées et qu'il faut couper ces lés en tenant compte des raccords du dessin, de façon à ne pas avoir de fausses coupes. On donne à chaque bande 5 centimètres de longueur de plus qu'il n'est nécessaire à chaque bout pour ménager des remplis. Si la mesure de la pièce exigeait l'ajouté d'un demi-lé, il faudrait le compter en entier et ne le découper qu'en opérant la pose. C'est également à ce moment qu'on

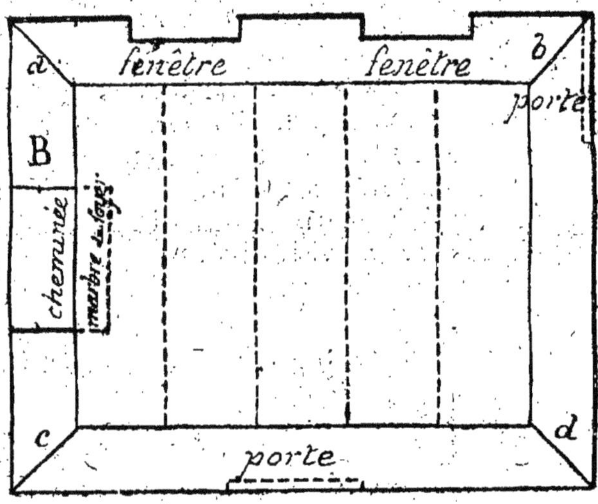

Fig. 10. — Découpage d'un tapis.

coupera l'emplacement de la cheminée sur le lé correspondant en laissant à découvert le marbre du foyer, mais réservant aux bords qui touchent le marbre un rempli égal à celui de l'extrémité des lés.

Coudre ensuite à *points lardés*, en raccordant bien les dessins, les lés l'un à l'autre, avec du *fil à tapis*, fil spécial qui se vend en écheveaux de 10 centimes pièce en toutes couleurs. C'est le fil vert qu'on emploie le plus généralement, pour les tapis foncés du moins. Est-il nécessaire d'expliquer aussi ce que l'on entend par *points lardés ?* Les deux

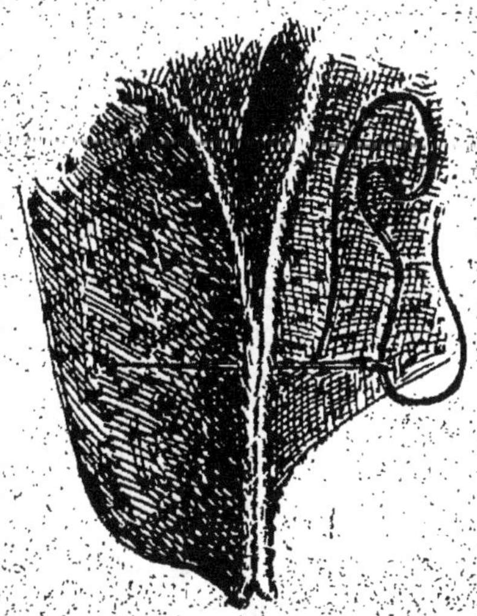

Fig. 11. — Couture d'un tapis.

lés à réunir étant posés endroit contre endroit, leur lisière bien au même niveau, on en fixe solidement le bout sur un plomb de tapissier, ou bien par une pointe plantée dans une table de cuisine, le parquet, ou par tout autre moyen, et, tenant la couture verticalement devant soi, on pique l'aiguille d'un côté, pour la repiquer du côté où où on l'a tirée, *lardant* pour ainsi dire les deux doubles, en formant des points arrière. La couture ne doit avoir comme largeur que juste celle de la lisière. Veillez surtout qu'un lé ne boive pas sur l'autre, ce qui nuirait à la bonne tension du tapis, et serait cause d'usure prématurée, de déchirures.

Les coutures faites, on étend le tapis à l'envers sur le plancher, et on les ouvre toutes tout du long à *coups de marteau* pour les bien aplatir.

Pose du tapis

Dans le but de rendre le tapis plus moelleux et plus épais sous le pied, on dispose en dessous un tissu épais et pelucheux, communément appelé *thibaude,* qui, en 1 mètre de large, a deux prix différents correspondans chacun à une qualité différente : 85 centimes et 1 fr. 20. On en assemble les lés à grands points de surjet, puis on étend sur le parquet, pour empêcher la poussière de s'y accumuler et de pénétrer dans les fentes, des journaux ou du gros papier gris.

Pour que la thibaude ne se dérange pas et ne fasse pas de plis sous le tapis, tandis qu'on la posera, on la fixe sur le pourtour de la pièce par des semences espacées de 6 à 7 centimètres, en observant que les coutures soient bien droites et bien tendues, et de façon qu'elle ne forme pas épaisseur sous le rempli qu'on est obligé de faire au tapis en sens contraire des lisières, c'est-à-dire à 8 ou 9 centimètres de la plinthe.

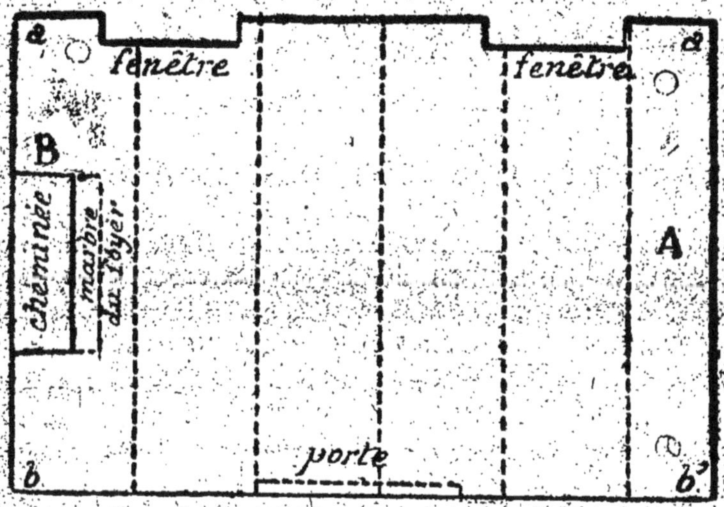

Fig. 12. — Pose d'un grand tapis.

Ces préparations terminées, on pose enfin le tapis. Il est bien plus facile et moins fatigant de faire ce travail à deux, car pendant qu'une personne fixe le tapis, l'autre *donne du pied.*

Donner du pied, c'est taper fortement sur le tapis, du talon de la chaussure, en marchant à reculons, commençant par la partie clouée pour arriver à l'extrémité opposée.

On donne du pied en suivant les coutures, lesquelles offrent plus de résistance que le reste à la tension.

On *appointe* le tapis, c'est-à-dire qu'on en esquisse la pose, avec des *clous-semences* de vingt onces, enfoncées à moitié de place en place — ce qui permet d'en changer la disposition si besoin est — en commençant par le milieu du côté des croisées et continuant tout autour de la pièce, en tenant toujours les coutures bien droites, en même temps que l'aide donne du pied sur la partie qu'on cherche à tendre. Faire de *a* en *a'* et de *b* en *b'* (fig. I) un rempli de 5 centimètres pour le moins. Pour l'endroit qui encadre le marbre du foyer, hocher le tapis aux angles rentrants comme s'il s'agissait de poser une pièce pour le raccommodage.

Dès que le clouage préliminaire donne toute satisfaction, on l'achève en enfonçant à bloc les semences déjà posées, avec d'autres placés à une distance régulière, tous les 5 centimètres environ.

Pose de tapis avec fiches

Cette manière de faire a le grand avantage de permettre de poser et déposer les tapis avec plus de facilité, lorsque l'hygiène rend nécessaire de les lever et battre assez souvent. Autrement, nous lui reprochons d'avoir pour inconvénient : que les fiches étant assez espacées, les pieds se prennent aisément dans les bords du tapis et qu'on risque de tomber ; que, de plus, comme chaque fois que l'on bat le tapis il va s'élargissant, pour obtenir en le reposant la même tension qu'auparavant, il faut enfoncer les fiches plus loin, ce qui finit par déchirer tout le bord. Mais, une fois encore, il est des cas où la nécessité impose de recourir à ce moyen : il nous faut donc le faire connaître.

Les *fiches* sont des clous en cuivre dont la tête, de 18 millimètres de diamètre, porte une rainure comme celle de vis, et dont la tige, de 8 centimètres de long, terminée en pointe pour pouvoir perforer le tapis, est munie dans le haut d'un pas de vis.

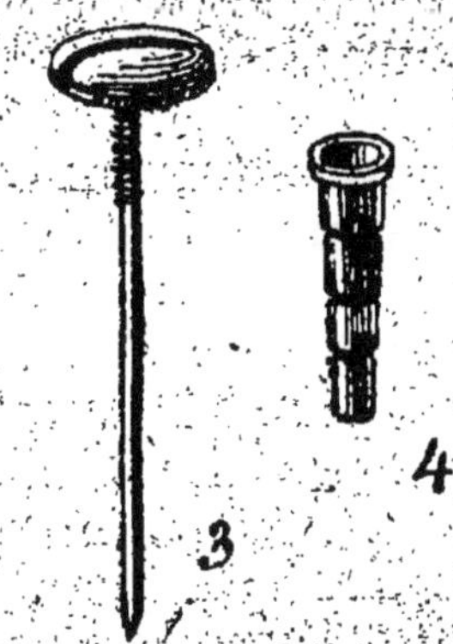

Fig. 13 et 14. — Fiche et douille.

Les *douilles* sont de petits tubes de cuivre de 3 centimètres environ de long, appelés à recevoir les fiches, rainés extérieurement de façon à mieux adhérer au parquet lorsqu'on les y a enfoncées, et dont l'intérieur porte un pas de vis correspondant à celui des fiches.

Les fiches avec leurs douilles coûtent 10 centimes pièce.

A l'aide de la mèche fine d'un vilbrequin, on perce tout autour de la pièce des trous assez profonds pour recevoir les fiches, à distance régulière de 10 centimètres environ, et dans ces trous on enfonce les douilles au marteau en forçant un peu pour qu'elles ne puissent se déplacer. Appointer le tapis tout autour de la chambre, en procédant comme pour un tapis cloué, mais au lieu de le fixer définitivement par les semences, le percer avec les fiches qu'on visse ensuite dans leurs douilles.

Emploi d'un tapis provenant d'une autre pièce de dimensions moindres

Battre le tapis, fortement à l'envers et plus doucement à l'endroit ; le frotter avec une brosse trempée dans du fiel de bœuf mêlé à de l'eau froide, dont on enlève ensuite les traces avec de l'eau pure. Essuyer alors à l'aide d'un linge bien sec.

Se servir pour les tapis de brosses de paille de riz et non de chiendent.

On peut encore frotter légèrement le tapis pour en raviver les couleurs, avec des feuilles de thé provenant des infusions, des feuilles de choux hachées menues ou des fanes de carottes.

Changer les lés, et coudre les plus défraîchis à l'endroit où ils ont plus de chance d'être dissimulés sous les meubles. Supprimer, s'il est possible, celui qui avait été entaillé pour faire place à la cheminée de la pièce précédente, ou lui faire un ajouté de toute la largeur du lé, dont les coutures, ouvertes au marteau comme celles qui réunissent les lés entre eux, devront correspondre également à la place de quelque meuble.

Encadrer le tapis ainsi reconstitué de *moquette unie*, assortie au fond du tapis ou formant une opposition de bon goût avec lui, et disposée comme le montre la figure 11. Les coutures de raccord des lés d'encadrement seront faites à points lardés comme les autres (voir fig. 10), aplaties au marteau comme celles-là, et elles iront en angle vers les coins.

Le prix de la moquette unie, en 70 centimètres de large, est de 4 fr. 25 le mètre et au-dessus. La qualité à 6 fr. 90 est très bonne et suffisante pour pareil usage.

Opérer pour le clouage comme on ferait pour un tapis neuf, mais en donnant aussi du pied le long des coutures d'encadrement.

En cas de déménagement, les douilles demeurent dans le parquet sans réclamation possible de la part du propriétaire.

VI

De l'Aménagement des différentes pièces qui composent un appartement

Le tapissier est souvent consulté pour ordonner heureusement la décoration et l'ameublement d'un intérieur somptueux, car ces deux arts se confondent. Ce n'est pas tout à fait le lieu pour nous de traiter un aussi vaste sujet, surtout que nous nous adressons principalement à la modeste classe bourgeoise, qui veut bien, par économie, exclure de son appartement le luxe inutile et de fantaisie coûteuse, mais qui entend cependant adopter une décoration et un ameublement de bon goût, qui soit en harmonie avec la simplicité de l'appartement occupé.

Tout le charme de l'intérieur est là, croyez-le bien, car se départir des conditions du cadre où l'on vit, exagérer la décoration, entasser les meubles les uns sur les autres sans tenir compte des proportions des pièces, mélanger les styles sans à-propos et au petit bonheur, c'est se faire une cage d'où l'ennui suintera, quelques sacrifices qu'on ait pu faire pour obtenir les meilleurs résultats. L'ennui, cet hôte importun, qui s'invite sans cesse malgré nous, n'a, la plupart du temps d'autre origine que le dégoût inexplicable que vous inspire votre intérieur. Pensez souvent à cela, lecteurs amis, et lorsque vous vous créez un home et que vous êtes jeunes surtout, ne vous hâtez pas de le peupler des premiers meubles venus. Sachez sortir un peu du conventionnel, autant pour le mobilier que pour les tentures, et créez-vous, peu à peu, en connaissance de cause, après réflexion et comparaison, un intérieur gai, souriant, où chaque pièce apportera sa note personnelle et son charme intime.

De l'Antichambre

Pour les petits appartements, cette sorte de vestibule a une importance qu'on ne calcule pas assez, car c'est l'espace plus ou moins grand qui sépare l'intimité du contact avec l'étranger. Choisissez-le clair de préférence ou à défaut, rendez-le clair à l'aide d'une ampoule électrique dissimulée dans une lanterne de verres de couleur ou tout autre objet de fantaisie. La décoration doit être sobre ; le papier ou l'étoffe, de nuance foncée, devra s'harmoniser avec les portières et les rares meubles que voici : une petite table avec plateau et accessoires pour écrire, si l'emplacement le permet, un porte-manteau spacieux, un porte-parapluie, une glace pour faciliter aux dames l'arrangement de leurs chapeaux, etc. Comme éclairage, une lampe en fer forgé fait très bien, surtout si vous adoptez le style Renaissance.

Si vous avez le grand avantage d'avoir une fenêtre pour éclairer l'antichambre et que vous désiriez lui donner un air plus confortable et plus discret, vous pouvez tapisser les carreaux en papiers de couleurs imitant les vitraux de tous les styles et dont la pose est si simple.

Salon

Il est malheureusement d'usage aujourd'hui de mélanger, dans les salons, les différents styles, car tout le monde n'a pas les moyens de s'offrir un salon entier composé de meubles et de tentures de la même époque, soit anciens ou imités. Un salon, sauf les pièces principales, s'achète rarement en bloc, se complète un peu chaque année des cadeaux reçus et des achats réalisés, c'est pourquoi il est assez naturel que les meubles vieux, authentiques, y coudoient les modernes et les petits meubles de fantaisie, créations incessantes de nos artistes modernes. Au surplus, le salon étant la pièce qu'on destine le plus au public, il faut savoir sacrifier, sans excès cependant, à la mode, et savoir plaire au plus grand nombre, réservant pour les pièces plus intimes les objets que nous aimons le plus.

Le tapis du salon doit être de nuance assez foncée afin qu'il serve de repoussoir aux meubles et aux décors de peinture, mais son éclat ne doit point tirer l'œil, à moins qu'il ne s'agisse d'un tapis de grand prix. Comme grandeur, il devrait occuper toute l'étendue de la pièce, ou au moins jusqu'au pourtour où se placent les chaises et les gros meubles.

Si par hasard le tapis dont on dispose paraissait un peu mesquin, on pourrait y remédier en ajoutant, tout autour de la pièce, une bande de carpette unie, plus foncée, qui lui ferait comme une sorte d'encadrement.

Dans les appartements de nos maisons parisiennes modernes, la décoration des murs, plafonds et boiseries, suit l'impulsion de la mode présente, mais les immeubles de la classe moyenne doivent se contenter d'un à-peu-près qui n'est pas toujours de bon goût, et lorsqu'on loue un appartement dont les papiers et peintures doivent être renouvelés, on fera bien de s'inquiéter du choix de ces ornements, afin qu'ils s'harmonisent avec votre mobilier.

Les portières et les rideaux, artistement drapés, doivent relier entre elles ces différentes parties que le mobilier achèvera de compléter.

Vis-à-vis la cheminée, lui faisant face, se place ordinairement la table de milieu. A droite et à gauche de la cheminée décorée avec goût et surmontée d'une grande glace, un canapé, des fauteuils. Entre les deux fenêtres, se place une crédence ou un meuble de fantaisie. Une glace de style fait également bien en cet endroit.

Les tapis, les glaces, les petits rideaux, les pendules, les flambeaux, les appliques, le lustre et les accessoires de la cheminée doivent former un ensemble agréable qui doit témoigner de votre bon goût. Ce n'est pas le lieu d'encombrer les petits coins et les murs de souvenirs et de photographies de famille, dont la place est mieux indiquée dans les pièces plus intimes.

Salle à manger

Les différents styles en usage pour les salles à manger sont : le style gothique, le style Renaissance, le style Henri II, le style Louis XIV et le mobilier moderne et d'art dit moderne.

En général, la salle à manger ne demande pas une décoration trop claire, trop éclatante ; ses boiseries et ses peintures doivent aider à faire ressortir la blancheur du linge, l'éclat des porcelaines, des cristaux et de l'argenterie, sans oublier les jolies toilettes des dames et les fraîches couleurs de leur visage qui se marient si bien avec les fleurs dont la table est décorée.

Les fenêtres sont très souvent ornées de vitraux de couleur, et qu'ils soient de prix ou d'imitation, on a raison d'adopter le vitrail qui s'harmonise si bien avec les meubles de style, tamise heureusement et discrètement la lumière du jour, sans trahir, le soir, à la clarté des lampes, les états joyeux des convives.

Le plafond d'une salle à manger, dans n'importe quel style, ne reste jamais blanc, soit qu'il ait reçu une couleur tendre ou qu'il soit divisé par caissons, dont l'intérieur peut être tapissé de fleurons, d'emblèmes héraldiques, etc., s'enlevant en or sur un fond de couleur en harmonie avec l'ameublement. On peut remplacer ces peintures du plafond par des drapiers velours, des imitations de cuir de velours ou de tapisséries anciennes.

Une belle cheminée avec une riche garniture, un dressoir, une table à découper, quelques belles faïences bien disposées çà et là sur les murs avec sobriété et bon goût, compléteront le mobilier adopté. Les grands rideaux seront de reps, velours ou draps noirs, ou selon le style, de tapisseries vraies ou imitation.

L'éclairage d'une salle à manger a une

très grande importance, car il touche à l'hygiène. Nous ne sommes pas très partisans du gaz, malgré ses avantages ; il vicie l'air et procure trop de chaleur. Une suspension à lumière électrique, dont il existe aujourd'hui de si gracieux modèles, s'harmonise mieux avec la décoration de la table dont elle occupera le centre avec honneur.

Le tapis placé sous la table ne devra pas s'étendre plus loin que les chaises des convives, il sert également à amortir les pas du servant et à garantir le parquet des taches de graisses. Etant le plus souvent en linoléum, imitant le bois, il ne peut guère avoir la prétention de réchauffer les pieds des invités, qui ne peuvent avoir à redouter pareil inconvénient dans une maison tant soit bien tenue. Quand le confortable règne dans une salle à manger et que le parquet a belle apparence, le mieux serait de se passer de tapis, mais son entretien exige alors de grandes précautions, et c'est pourquoi on y renonce le plus fréquemment, surtout avec des enfants.

L'Escalier

Dans les petites maisons bourgeoises, nous avons à nous inquiéter de l'escalier qui fait communiquer le rez-de-chaussée avec les chambres et cabinets de toilette des étages supérieurs. Si vous êtes le propriétaire, vous avez dû le faire établir large, spacieux, à marches très basses pour en faciliter l'ascension, avec un palier de repos qui ne pèche pas par l'exiguité. En hiver, il y aura toujours un tapis sur les marches, plus léger en été.

La cage de l'escalier pourra être peinte d'une couleur unie et claire, quelquefois marbrée ou imitant la belle pierre de taille ; on remplace aujourd'hui la peinture de décor, toujours assez coûteuse, par de jolies toiles peintes, imprimées, que bordent des soutaches de passementerie qui servent à dissimuler les pointes du tapissier. Ce travail très simple, peut être exécuté, à peu de frais, par n'importe quel amateur. Un lambris plus ou moins haut, suivant le genre de décoration admis, protège la peinture ou l'étoffe contre le choc des malles et des meubles qu'on déplace.

Chambre à coucher

Nous n'avons pas à parler des conditions hygiéniques que doivent réunir les diverses chambres à coucher, mais de leur ameublement suivant leur destination. Disons d'abord que tous les styles peuvent convenir à une chambre à coucher de grande personne, depuis le gothique, le Renaissance, le Louis XIV, le Louis XV, le Louis XVI, jusqu'au style Empire et moderne. On observera cependant que pour une jeune femme ou une jeune fille, elle devra toujours être claire et gaie, de nuance tendre, rose ou bleu suivant qu'elle est brune ou blonde. Un tapis clair couvrira tout le parquet et les papiers et tentures seront de dessins riants et frais. Les meubles en bois de rose, en bois de citron ou en érable moucheté, en laqué blanc et couleur, se marieront très bien avec des rideaux assortis que relèveront ou soutiendront des rubans ou de légères et vaporeuses embrasses.

La forme des lits a tellement varié dans tous les styles ainsi que celle de leurs baldaquins, qu'il nous est presque impossible de conseiller une forme plutôt qu'une autre. Si les lits Louis XIV sont imposants, ceux du style Louis XV ne leur cèdent en rien par leur richesse, de même que les modèles du règne de Louis XVI si bien travaillés et de formes si gracieuses, et décorés avec tant de goût, ont leur mérite avec les meubles Empire si décoratifs. Toutefois, qu'il nous soit permis d'indiquer que nous inclinerions pour les lits avec baldaquins réduits, formant presque applique ou couronne à la tête du lit, tant au point de vue hygiénique que de bon goût. Au contraire, nous ne sommes nullement partisans des lits à grands baldaquins rectangulaires et à quenouilles, qui ont cependant grande allure, mais qui se trouvent trop dépaysés dans nos petits appartements modernes.

Comme c'est dans la chambre où nous passons la moitié de notre existence que l'hygiène doit être le mieux observé, laissez-y pénétrer et circuler l'air. Bornez-vous, comme meubles, au strict nécessaire, n'ayez pas aux fenêtres d'épais et lourds rideaux qui empêchent l'air et la lumière d'entrer à volonté. Pas de tapis inutiles, presque pas de tableaux et peu d'objets sur la cheminée. C'est en cela que les meubles modernes, inspirés des styles des XVIIIe et XIXe siècles ont bien leurs qualités, parce que dans leur ensemble ils réunissent l'élégance, l'hygiène et un bon marché relatif qui a bien son prix.

Cabinet de toilette

Le cabinet de toilette est devenu, de nos jours, une pièce indispensable de l'appartement moderne, à plus forte raison de l'habitation, grâce aux progrès de l'hygiène autant que du confortable. Nos architectes se sont tellement pénétrés de ce besoin nouveau qu'ils ne négligent plus de consacrer une petite pièce, à cet usage, dans tous les appartements d'un prix un peu élevé, et il est amusant, pour l'observateur, de voir figurer, avec ostentation, sur les tableaux de location : appartement à louer composé de tant de pièces, avec cabinet de toilette et salle de bains. Ceci est un progrès, il faut bien le reconnaître, et, si nous avons mis longtemps à le réaliser, nous nous rattrapons largement à cette heure.

Malheureusement, dans bien des cas, nous avons seulement ce qu'on est convenu d'appeler un cabinet de toilette, mais non ce qu'il devrait être pour répondre à tous les usages auquel il est destiné.

Comme nous nous adressons à des lectrices de toutes conditions, nous serons obligés d'élargir notre cadre et de donner des conseils généraux d'abord, afin d'être utile au plus grand nombre, et vous puiserez chacune, dans ces nombreuses indications, de quoi réaliser votre rêve, pour ce sanctuaire intime, où vous passez souvent, chères lectrices, de longues heures, dont aucun mari ne doit se plaindre, puisque c'est pour lui plaire que vous vous imposez ces pratiques fastidieuses de coquetterie.

Lorsqu'on a le choix d'un cabinet de toilette, il faut le choisir grand, très clair et bien aéré. Les cabinets noirs, dépourvus de fenêtres, doivent être abandonnés à tous les points de vue, et la richesse du décor, la féerie de l'éclairage électrique, etc., ne suppléeront pas au manque d'air et de lumière.

On est dans l'usage de recouvrir, aujourd'hui, tous les murs du cabinet de toilette de peinture laquée, en place de papier. Les bonnes marques de ces sortes de peintures sont très nombreuses et on n'a que l'embarras du choix ; il s'en fait de toutes nuances et ces produits sont d'un prix modique, qui varie de 1 fr. à 2 fr. 50 le kilo.

Certainement que ces peintures sont à préférer aux vulgaires papiers peints, qui risquent, dans un tel lieu, de se tacher et de se mouiller, mais il existe, depuis quelques années, des papiers forts, lavables, qui donnent l'illusion de la faïence, du marbre, etc., et offrent toutes garanties, sauf que leur prix est assez élevé.

Pour les personnes qui en ont les moyens, cette dernière manière d'orner les murs du cabinet de toilette est à recommander, car il existe, chez certains fabricants, des motifs charmants et nouveaux de décoration, qui répondent à toutes les exigences. C'est moins froid et moins coûteux qu'un revêtement de faïence ou de porcelaine, qui n'est réellement à sa place que dans la salle de bain.

Mais ces papiers divers et ces vernis en laque réalisent-ils véritablement l'idéal d'un cabinet de toilette bien compris ?... Je ne le pense pas.

Si le cabinet de toilette est véritablement le sanctuaire intime de la femme, il ne doit être ni banal, ni uniforme. Chacune de vous, mesdames, doit y apporter sa note originale, son cachet particulier. Puisque c'est là, qu'entre votre miroir et vos yeux, s'établit un mystérieux colloque qui a pour sujet les mille moyens de rester belles ou de le devenir davantage ; puisque c'est là que, dans le mystère, vous étudiez les innombrables secrets de la coquetterie permise, des attitudes flatteuses, des correctifs savants, etc., ne convient-il pas que vous arrangiez un cadre approprié à vos goûts et surtout à votre genre de beauté ?...

Le meuble principal du cabinet de toilette, c'est le lavabo. Il doit à lui seul occuper presque un des murs de la pièce. Il s'en fait

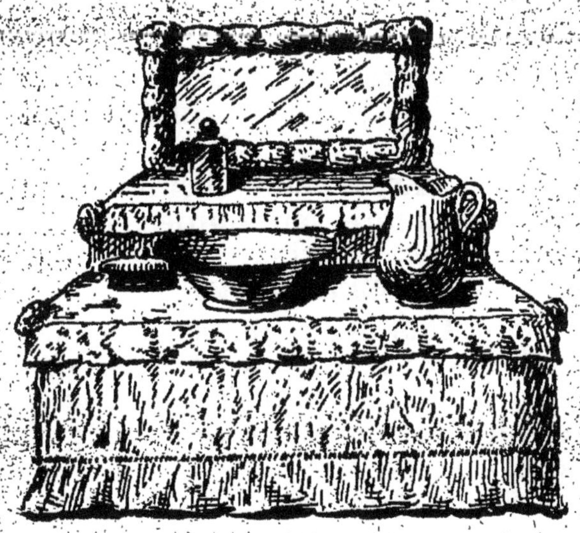

Fig. 6. — Modèle de toilette habillée de cretonne ou de toute autre étoffe légère.

de ravissants en tous genres, sur lesquels nous n'avons pas à nous arrêter. A côté du lavabo, un séchoir pliant à plusieurs branches sera installé, et sous le lavabo, s'il n'est pas fermé, comme l'indique la gravure, on coquets, les seaux, bain de pieds, chaise-toilette, etc.

Quelquefois on se sert de deux toilettes de même forme, mais de dimensions différentes qui se font vis-à-vis ; la plus petite sert de coiffeuse ; le miroir de chacune pourra être drapé comme les murs ou encadré d'un ruché de rubans et de dentelles, etc. Mais le plus souvent la coiffeuse sera placée devant une fenêtre, et une armoire à glace, renfermant le linge intime et les mille frivolités des dessous principalement, fera face au lavabo.

Dans d'autres petits meubles portatifs à tiroirs ou genre chiffonnier, on disposera les voilettes, gants, rubans, mouchoirs éventails et menus objets.

A défaut de cheminée et de calorifère, on installera dans un coin un poêle portatif au gaz ou à l'alcool, afin d'obtenir la température qui convient dans une pièce où on est amené à se dévêtir.

On complètera cet ameublement par une chaise longue surmontée de coussins moelleux où l'on se reposera quelquefois et où l'on pourra recevoir les soins de la manucure et de la pédicure. Enfin, sur une petite table ornée d'une potiche fleurie, reposera le roman nouveau et enfin, de ci, de là, sur la moquette, quelques poufs jetteront leur note gaie et originale.

Pour l'éclairage, si l'on ne possède pas l'électricité, il faudra disposer d'un certain nombre de lampes, en proportion avec la grandeur de la pièce, de manière que toutes les parties en soient bien éclairées. En principe, l'éclairage doit venir d'en bas ou des côtés, et non d'en haut, car cela met sur le visage des ombres qui nuisent aux soins de la toilette.

Telles sont, sommairement décrites, les conditions requises pour l'installation d'un cabinet de toilette confortable.

Mais comme le plus grand nombre ne peut s'offrir ce genre d'installation, nous allons indiquer à nos aimables lectrices moins fortunées, les moyens de s'en créer un, moins luxueux, mais tout aussi pratique, et qui aura également son charme.

Cabinet de toilette à la portée de tout le monde

Voici quelques utiles conseils pour réaliser le problème, en apparence bien difficile, d'installer chez soi un cabinet de toilette coquet et confortable.

Si vous occupez un appartement, comme c'est le cas le plus fréquent, il doit exister une pièce plus ou moins grande, éclairée ou obscure, que vous destinerez à cet emploi.

Il se peut même qu'elle ait déjà été tapissée par le propriétaire, en vue de cette destination, et si le papier n'est pas trop déplaisant, vous pourrez, par économie, l'utiliser. Au contraire, s'il est de mauvais goût, mais en bon état, vous n'avez guère intérêt à le remplacer, car cette dépense serait presque perdue quand vous déménagerez... Nous croyons donc devoir conseiller, dans ce cas, de revêtir les murs de ce petit cabinet d'andrinople ou de lustrine de couleur à plat, puis d'ajouter par dessus un léger transparent de tulle ou de mousseline modérément plissé. En prenant un tissu grande largeur, dit des tapissiers, vous ne dépenserez pas plus de 1 fr. par mètre et vous couvrirez chaque fois une largeur de 1m20.

Pour fixer cette tenture sans abîmer le papier du propriétaire, vous clouerez en haut et en bas, sur la bordure existante, des lattes communes, qu'on trouve dans les bazars et chez les tonneliers, ces derniers s'en servant pour aligner les bouteilles. Avec de petites pointes à grosse tête, baptisées *semences*, vous fixerez par-dessus vos deux étoffes, et vous masquerez la rangée de petits clous, dans le haut et dans le bas, avec une tresse un peu voyante et qui complètera votre décor.

Si cette pièce est munie d'une porte et d'une fenêtre, ce sera parfait, parce que l'aération pourra se faire naturellement, mais s'il n'y a pas de fenêtre, quand même le cabinet serait éclairé par un vitrage, nous sommes d'avis qu'il convient de supprimer la porte et de la remplacer par une tenture qui permetra à l'air de se renouveler constamment. Pour la fenêtre, un simple rideau de mousseline sera ce qui cadrera le mieux avec le reste, et embrasses se rapportant comme couleur, au fond ou à la bordure. La simplicité a sa beauté, croyez-le bien, et l'uni fera toujours merveille partout, quand il sera choisi avec bon goût.

Comme lavabo, avec dessus de marbre et étagère, vous en avez depuis 25 francs ; à 50 francs ils sont suffisamment larges et meublants pour un ménage. Au-dessus du lavabo, vous placerez une glace, encadrée de bois imitant le bambou et qui aura à peu près la largeur du marbre. Vous recouvrirez cet encadrement, comme le bois de la toilette, d'un tissu semblable à celui du mur. Cette sorte de housse qui entourera le lavabo pourra avoir un volant de dentelle ordinaire dans le haut et un peu plus large dans le bas. Quelques nœuds de rubans ou piquets de fleurs aux angles de la glace et de la table feront merveille, et, par ce moyen, vous dissimulerez la vulgarité de vos meubles. De chaque côté de la glace, deux appliques avec lampes à pétrole ou tulipes à gaz, éclaireront suffisamment cette pièce.

Une chaise ou deux, une petite table si

l'on peut, avec tapis et pot de fleurs compléteront ce modeste cabinet qui, s'il n'a pas la richesse, sera du moins votre œuvre, aura la simplicité et le bon goût, qui valent souvent mieux.

VII

Décoration et Ameublement des chambres d'un appartement ou d'une maison particulière

Nous allons continuer, dans le présent chapitre, par des indications pratiques sur l'ameublement et la dispostion à donner aux différentes pièces d'un appartement ou d'une habitation particulière : villa, chalet, etc., et en premier lieu par l'agencement d'une chambre de jeune fille dans une maison de campagne.

La chambre d'une jeune fille doit être claire, saine et gaie, autant par sa situation que par son arrangement. L'air et la lumière doivent y circuler librement. Peu de draperies donc, autrement dit de nids à poussière. Aux fenêtres, des rideaux tout droits et transparents laissant filtrer le jour. Pas de baldaquin au lit ; tout au plus deux bras mobiles en cuivre verni soutenant de simples rideaux droits, si le lit est de bout ; ou les mêmes tentures droites montées à anneaux sur tube de cuivre et suivant l'angle du mur si le lit est de coin. Pas de lourdes étoffes doublées et molletonnées, mais une perse ou une satinette fleurie, de la mousseline claire, ou bien de la toile de Flandre ou de la toile Napolitaine — 3 fr. 50 en 1^m30 — bleue, rose ou vert d'eau, brodée de nuances douces ou bien ton sur ton. Une impression de fraîcheur et de simplicité doit se dégager de tout l'ensemble de cette pièce, c'est ce qui en fait le confort. Les choses extérieures ont leur action sur l'âme, et une chambre sombre et triste engendre souvent un malaise moral.

D'ailleurs, en coûte-t-il davantage pour parvenir au résultat indiqué en cherchant à réaliser le confortable voulu ?... Le simple raisonnement prouve bien le contraire, dit M. Mercier dans un très intéressant article de la *Mode Illustrée* auquel nous empruntons les renseignements qui vont suivre. Au besoin, la jeune fille saura bien confectionner de ses mains ces tentures aux plis droits terminés par un simple ourlet, un volant en droit fil ou une frange mignonnette en coton.

Pour l'arrangement de la fenêtre, elle n'aura qu'à reproduire le décor décrit dans notre chapitre V. De même, si son lit est en bois laqué blanc, en pitchpin ou en noyer, elle pourra confectionner un dessus de lit s'harmonisant avec l'ameublement.

Mais souvent, pour la campagne, la crainte de détériorer un joli meuble, au cours d'un déménagement, fait incliner à n'emporter qu'un simple lit de fer qui fournit un bon coucher pour une dépense relativement minime, et trouve ensuite une place dans le grenier dès qu'il a perdu son utilité immédiate.

Les lits de fer le meilleur marché, pour une seule personne, mesurent 80 centimètres de large et coûtent 15 fr. Mais comme ce

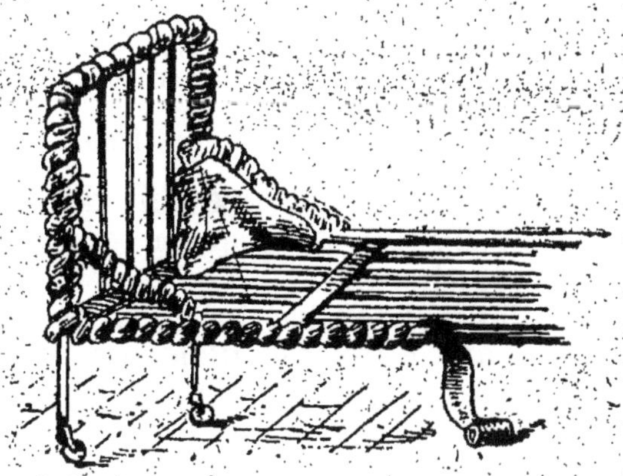

Fig. 16. — Agencement d'un lit de fer.

meuble laisse fortement à désirer au point de vue de l'élégance, il peut être utile de dissimuler ses lignes quelques peu frustes sous une housse bien ajustée et facilement lavable, et de faire en sorte qu'il ne dépare pas une chambre coquettement agencée.

La cretonne et la satinette seules conviennent pour l'embellissement de ce meuble. La mousseline serait trop chiffon, quand bien même elle serait posée sur un transparent en percaline brillante. Quant au volant entourant le bas du lit, il serait lourd en toile de Flandre ou de Naples. La cretonne mesurant ordinairement 80 centimètres de large, voici le métrage nécessaire pour un lit de cette même largeur :

3 largeurs de 1 m 70 pour les deux dossiers.....	5 m 10
8 — de 0 m 45 pour les quatre bateaux....	3 m 60
5 hauteurs de 0 m 35 pour le volant.............	1 m 75
Dessus de lit, une largeur sur 2 m 50, séparées en deux dans la longueur pour les côtés.......	5 m »
Total.....	15 m 45

Si le lit est de bout, il suffit de 75 centimètres d'étoffe en plus pour compléter le tour du volant.

Avant d'entreprendre la confection de la housse, il faut entourer d'étoupes les montants et le cadre du lit, le haut des dossiers et les bateaux, et sur cette étoupe tourner des bandes de coton de 6 centimètres de large, comme si l'on bandait un membre blessé. Or, les chirurgiens, pour disposer plus facilement leurs bandes et leur donner une tension bien égale, les roulent sur elles-mêmes très serré avant de s'en servir, afin de les avoir tout entières dans la main ; ils en sont ainsi beaucoup mieux maîtres et ne les déroulent qu'à mesure du besoin. C'est en procédant de la même façon que l'on obtiendra un recouvrement régulier, en même temps qu'on donnera plus de corps aux parties du meuble sur lesquelles l'étoffe vient reposer, tout en ménageant celle-ci qui s'usera beaucoup moins vite, par suite de son contact avec cette sorte de rembourrage, que si elle recouvrait directement sur le fer du lit.

Arrivant ensuite à la confection de la housse, nous commencerons par recouvrir les bateaux et, à cet effet, diviserons d'abord en huit les 3m60 d'étoffe qui leur sont destinés. Nous coulons ensuite un fil de fronce en bas et en haut de quatre de ces morceaux que nous posons avec des épingles à l'extérieur des bateaux en ligne droite dans le bas, en laissant la hauteur d'un bon ourlet en maintenus au bourrelet du cadre; contournant le bourrelet du haut pour se rabattre à l'intérieur. La doublure de l'intérieur est posée à plat. Elle est coupée suivant la forme du bateau. On y fait un ourlet dans le bas ; dans le haut elle est rentrée, et pour la bâtir bien tendue sur la partie froncée qui rabat de l'extérieur, on l'épingle intérieurement au bourrelet du cadre et à celui du bateau. Les ourlets du bas des huit morceaux doivent être assez larges pour recevoir une coulisse qui vient s'attacher au pied du lit, au cadre même autour duquel on les tourne. Deux autres petits cordons sont cousus aux morceaux froncés pour pouvoir se rattacher aux montants. Ces petites housses peuvent encore être mieux fixées en ajoutant d'autres petits cordons supplémentaires dans le milieu.

Les housses des bateaux de chaque côté sont reliées l'une à l'autre par une bande droit fil ourlée des deux côtés et fixée par de nouveaux cordons aux traverses du lit.

Dossiers

Leur housse est faite d'une longueur et d'une demi-largeur d'étoffe réunies par une couture ouverte au fer. Le morceau — de $1^{m}70$ de long, c'est-à-dire du double de la hauteur à couvrir — est ensuite plié en deux, et l'on marque le milieu d'un pli ou d'un

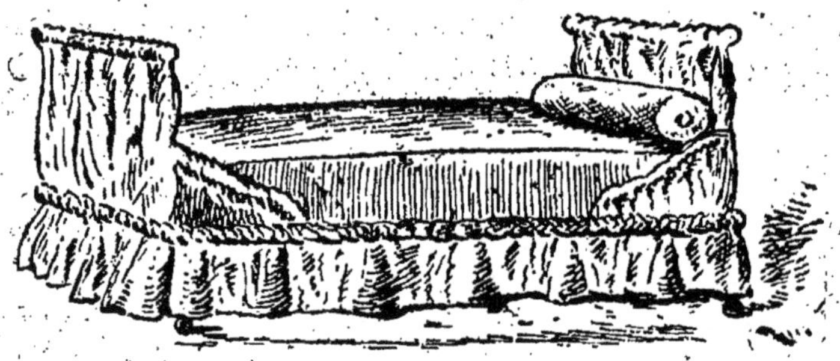

Fig. 17. — Lit terminé, avec sa housse.

trait au crayon, tracé à l'envers. Ce trait correspond exactement au sommet du dossier. Prenez la mesure de l'épaisseur du bourrelet qui garnit ce dernier, répartissez-la également de chaque côté du premier trait, où vous tracerez deux nouveaux traits parallèles au précédent. Froncez l'étoffe à ces deux nouvelles marques à l'aide d'un fil fort (fil de lin n° 60) que vous n'arrêtez pas ; puis, réunissez l'un à l'autre les deux côtés de votre morceau replié sur lui-même, par deux coutures suivant l'arrondi des angles, les montants du lit s'arrêtant aux bateaux. A partir de ceux-ci et jusqu'au cadre, bordez à plat l'étoffe d'un petit ruban croisé ou en toile.

Posez la housse sur le dossier où vous la fixez sous le bourrelet par des épingles suivant le fil de fronce ; marquez la hauteur à lui donner au ras du bas du cadre, et faites un ourlet des deux côtés, dans lesquels vous passerez une coulisse. Vous pourrez ajouter dans la largeur, afin de mieux maintenir le tout en place, trois paires de cordons qui seront noués sur le cadre.

Volant

Le volant est ensuite préparé en deux parties : l'une destinée au pied du lit, l'autre au devant, soit une hauteur de 35 centimètres, plus une demi-hauteur de même mesure pour le second qu'on réunit par des coutures ouvertes au fer. Ourlet dans le bas, petits ourlets aux deux bouts, et dans le haut une tête de 3 centimètres faits en fronçant le volant sur un rentré de 4 centimètres.

On coud la première partie de ce volant sur le côté du dessus, froncé, du dossier visible ; puis, la seconde partie, exactement à la même hauteur, au bas (froncé) du premier bateau sans prendre la partie inférieure, et le long de la bande droit fil du devant pour aller rejoindre le second bateau, où on la fixe de la même façon.

Veut-on poser sa housse ? On enfile sur les bateaux la partie qui leur est propre, on attache les petits cordons tout le long du cadre ainsi que nous l'avons dit, puis on passe un point coulé qui maintient les fronces dans le haut sous le bourrelet. On enfile de même la housse des dossiers, on noue sous le cadre et aux pieds le jeu de petits cordons qui se trouvent dissimulés par le volant, et l'on fixe également par un point coulé les fronces sous le bourrelet. Si l'étoffe est bien tendue de part et d'autre, la jonction doit se faire d'elle-même le long des montants, et l'étoffe des dossiers revient sur celle des bateaux. S'il n'en était pas ainsi, on n'aurait qu'à assurer la perfection de la fermeture par des boutons à pression.

On conçoit, en tout cas, que par ce système de cordons joints aux points qui fixent la housse sous le bourrelet, celle-ci reste bien en place, et qu'on peut faire et défaire le lit, remuer les matelas sans nuire à son ajustement. Le dessus du lit en étoffe semblable sera nettement bordé sous le double matelas pour faire corps avec la garniture du devant.

Si l'on veut, après un certain temps d'usage, faire nettoyer la housse, on découd les points qui la fixent au bourrelet, on découd les cordons, et l'on a quatre pièces séparées dont le blanchissage est facile.

Agencement d'une pièce mansardée

On peut, avec un peu d'ingéniosité, tirer un bon parti d'une pièce mansardée, dont il est facile de dissimuler les angles en les transformant, selon la destination de la chambre, en armoire, placard, bibliothèque. etc.

Etant donné une disposition du genre de celle indiquée fig. 1, l'aplomb de la pièce se trouve rétabli par une boiserie comme montre la fig. 2, et la partie vide entre la boiserie et le mur est utilisée pour en faire par exemple une bibliothèque s'il s'agit d'une chambre de lecture.

Pour situer l'atmosphère de causerie et de méditation qu'exige une semblable pièce, il faut une décoration simple et sans apparat. Pas de corniches sculptées, de meubles aux contours tortueux et tarabiscotés, mais un agencement sobre et précis. Pour obtenir ce résultat, la décoration murale sera faite uniquement en peinture laquée, laquelle présente en outre le triple avantage de la propreté, de la gaîté et du bon marché.

Dans la partie de droite formant alcôve, on placera un grand divan, très profond et très bas ; on pourra utiliser à cet effet

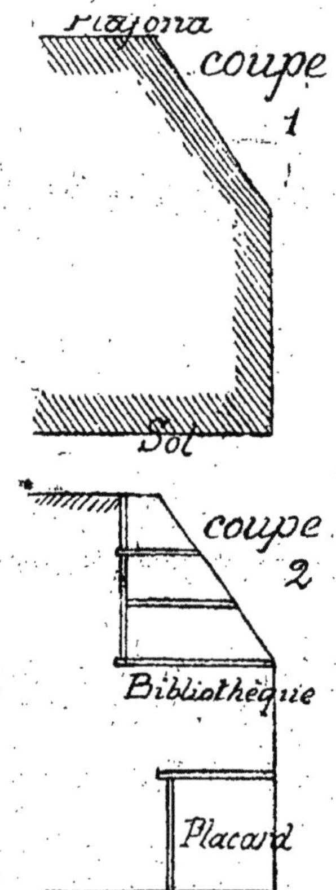

Fig. 18 et 19. — Agencement d'une pièce mansardée. Plan avant et après l'agencement.

un sommier et un matelas que l'on recouvrira d'une housse sur laquelle on placera quelques coussins aux couleurs vives et claires. Il faut s'efforcer de grouper, dans cette pièce d'un usage intime, des meubles très confortables sur lesquels on pourra s'abandonner, au mépris des attitudes conventionnelles, alors que dans un salon ou un hall, pièces accessibles à tous, les meubles et surtout les sièges, devront, par leurs formes mêmes, inciter à une tenue plus réservée correspondant au ton de la conversation qui s'y échangera.

L'ameublement de cette chambre de lecture pourra donc être complétée par une chaise-longue, un guéridon, des chaises rembourrées de modèle courant. Le plancher sera recouvert d'un tapis en plein, uni ou avec de petits dessins.

L'ébrasement de la fenêtre devenu très profond par la boiserie rapportée en avant du mur, pourra recevoir une jardinière ; un store en toile rayée ou coutil sera indispensable. Enfin le tour de main spécial du maître, ou plutôt de la maîtresse de la maison disposant agréablement les estampes, les bibelots de toute espèce, qui prendront toute leur valeur dans la sobriété de l'ensemble, animera cette petite retraite et rendra son séjour encore plus agréable.

VIII

Ameublement de chambres féminines

Nous rangerons dans cette catégorie les pièces plus spécialement réservées aux dames et aux demoiselles, telles que le boudoir et le cabinet de travail, donnant ainsi un aperçu des méthodes qu'il convient de suivre pour doter ces pièces de tout l'agrément uni au confort qu'elles doivent réunir.

Parlons tout d'abord du boudoir :

La disposition que nous allons décrire convient tout particulièrement dans un pied-à-terre ou une habitation de petites dimensions où, par raison d'économie, on ne dispose que d'un nombre très restreint de chambres. Voici comment MM. Lemoussu et Malou, architectes décorateurs, ont imaginé cette installation :

Le décorateur devra s'ingénier à offrir le confort sous la forme la plus condensée pour éviter l'encombrement dans une pièce destinée à deux usages. Il obtiendra aisément ce résultat si l'architecture de la pièce a été comprise en vue de la décoration et des meubles qu'elle devait recevoir : ainsi dans notre esquisse les deux petits retours de mur épaulant divans et bibliothèques, ainsi que les deux piliers du portique qui encadrent la commode, doivent avoir été prévus d'avance ; les meubles viennent alors s'emboîter dans ces emplacements réservés et prennent, quoique très simples en eux-mêmes, une grande valeur décorative d'ensemble.

Le boudoir proprement dit sera surélevé d'une marche pour le détacher un peu de la chambre. Dans cette dernière, nous aurons, outre le lit et la table verre d'eau, une grande psyché dans le milieu du panneau face au lit, et de chaque côté de la psyché un placard formant penderie d'un côté et à rayons de l'autre. Cet arrangement nous permettra d'éviter l'armoire à glace dont l'énorme masse nuirait au caractère du boudoir.

Les meubles seront en ronce de frêne verni avec application de plaques d'étain décoré.

Comme coloration, on pourra chercher une harmonie générale en orangé et violet.

Pour le décor de lit, la couverture des divans et coussins et le dessus de lit, on trouvera dans les toiles de Jouy ou de Rambouillet certains dessins et coloris très réussis et dans une note très moderne.

Les murs recevront du papier depuis la corniche jusqu'à la plinthe du bas. Au sol, un tapis est indispensable ; on le choisira de préférence uni avec une bande d'encadrement d'un ton plus soutenu ; comme descente de lit, une petite carpette imitation Orient.

Dans cette chambre, les meubles seront toujours propres parce que d'un entretien facile ; l'air et la lumière pénétreront librement grâce à la grande fenêtre qui tient tout le fond du boudoir ; et l'impression d'ensemble sera, de la sorte, franche et gaie.

Cabinet de travail de dames

Peu d'ameublement méritent une mise en valeur plus délicate et un sens plus avisé de l'élégance que celui d'un cabinet de travail de dame. Il faut, en effet, unir en ce cas le confortable le plus large à une richesse de bon aloi. Il faut, en quelque sorte, créer une atmosphère particulière où, dans une ambiance de jolies choses, il soit agréable de penser et commode d'écrire.

Il serait dangereux de composer un pareil ameublement d'après un style ancien. On serait, en effet, placé devant ce dilemme : ou bien respecter la pureté du style et, dans ce cas, abandonner les avantages du confortable moderne, ou bien conserver ces avantages et, dans ce cas, leur sacrifier la valeur d'une reconstitution historique qui ne vaut que par le soin extrême employé à la rendre fidèle et pure de tout mélange.

Le plan que nous donnons répond à l'ameublement, logique et élégant à la fois d'un cabinet moderne de travail de dame.

Le meuble principal sera une bibliothèque en acajou ciré composée de trois corps. Le corps du milieu comportera les tablettes destinées à supporter les volumes. Les portes seront nécessairement en glaces transparentes. Les glaces des deux autres corps seront bombées, et le fond en glace étamée.

Le petit meuble qui se trouve au milieu de la pièce, un peu rapprochée de la fenêtre, est un petit bureau de dame en bois mince (acajou ciré) avec un tiroir dans la ceinture. Le dessus est en cuir avec une glace très épaisse. Les pieds en entrejambes avec tablettes.

Les fauteuils et les chaises sont en acajou ciré ; ils devraient être recouverts d'un tissu moderne avec entoilage moderne.

Le décor de fenêtre comprend une boiserie en acajou ciré placé très haut avec une galerie également en acajou et un fronton sculpté en même bois portant les tables et destinées à recevoir les bibelots.

Les deux rideaux seront en tissus modernes montés sur tringles et anneaux.

Dans une encoignure, un porte-potiche en acajou avec dessus en bois et pieds à tablettes.

Au mur, du haut en bas, des boiseries en acajou. Au sol, un tapis moderne.

Tel est, dans ses grandes lignes, le décor qui paraît le mieux adapté au genre très particulier qui constitue un ameublement de cabinet de travail pour dame.

Cette décoration peut recevoir, on le conçoit de nombreuses variantes. Supposons par exemple que nous nous trouvions dans une très vieille maison de campagne et que nous désirions y installer un cabinet de travail rustique. Voici d'abord la description de la pièce à transformer :

Au fond le mur percé de trois petites fenêtres formant ensemble un cintre ; au plafond une grosse poutre reliant deux pans de mur bizarrement découpés, la pièce assez vaste au sol carrelé, aux murs blanchis à la chaux.

Quelle est la destination de cette pièce : peu importe, mais un artiste saisira de suite le parti à tirer de cette disposition primitive : il respectera poutre et pans de mur dont il fera la base de son principe décoratif, et le contraste très harmonieux entre cette architecture archaïque et les meubles et objets d'art qui compléteront cette pièce aura un charme tout particulier pour un esprit averti.

Contraste harmonieux certes, car les meubles tout en restant dans un esprit bien moderne se rappelleront dans leur structure générale de la simplicité de l'architecture de la pièce : ainsi ce meuble d'appui à classeurs qui tirera sa note moderne de la seule application au pochoir que l'on fera sur ses abattants et ses tiroirs.

N'est-ce pas là un grand avantage du moderne, cette facilité d'adaptation qui permet de tirer parti de toute disposition simple quand elle n'est pas de style défini.

Les sièges et le divan seront recouverts d'une étoffe genre « Liberty ». Egalement en « Liberty les rideaux des fenêtres. Ces dernières auront été agrémentées de petits bois.

Au sol nous laisserons le carrelage existant s'il est en bon état ; nous mettrons une carpette devant le divan.

Pour garder le caractère rustique, les murs pourront rester à la chaux, quelques masques et tableaux viendront le décorer. Un tapis en plein sur l'estrade ; jardinière de chaque côté, et quelques objets d'art sur les meubles, viendront compléter agréablement cet ensemble.

Voici donc notre cabinet de travail rustique aménagé selon une note originale, sans excès, et avec ce grand avantage d'être établi avec le minimum de dépense.

Evidemment cet exemple ne saurait constituer un type synthétique de décoration intérieure moderne ; c'est seulement une interprétation spéciale d'une disposition déjà existante et que l'on veut utiliser au mieux. Nous avons seulement voulu montrer comment on peut concevoir un ensemble pour arriver à réaliser un aspect harmonieux en tirant parti des locaux dont on dispose.

IX

Transformation d'un placard en cabinet de toilette

Il arrive fréquemment qu'en raison de l'exiguïté de l'emplacement dont on dispose dans les appartements de la capitale, tout se trouve sacrifié aux deux pièces de réception : le salon et la salle à manger. En province, les chambres sont de très grandes dimensions, au contraire, et tous les recoins se trouvent supprimés. De toute façon, on arrive au même résultat : il ne reste plus de place pour le cabinet de toilette, ce qui est un grave inconvénient aujourd'hui que l'hygiène mieux entendue exige des ablutions journalières, en même temps que le besoin d'élégance et de confort dans l'appartement se fait plus impérieusement sentir. La toilette, ce meuble de première nécessité, n'entre plus en ligne de compte dans le mobilier d'une chambre. Il est convenu que l'on doit se laver, et à grande eau, mais personne ne doit soupçonner l'existence des meubles et des ustensiles servant à cet usage, et qui d'ailleurs déparent véritablement une chambre de style. De plus, en prenant les soins de propreté nécessaires, on risque d'éclabousser les murs tendus d'étoffe ou le tapis qui couvre le parquet. La question est donc de savoir comment on peut s'installer commodément pour faire sa toilette sans sacrifier l'élégance de la pièce. Cette difficulté peut être tournée en procédant ainsi qu'il va être expliqué.

S'il existe dans la chambre un placard ou une entre-porte à condamner et qui peut tenir lieu de ce dernier, ou, à leur défaut d'une armoire ou un bahut supplémentaire, vous aurez peut-être là les moyens de sortir d'embarras.

Les dites armoires ne seront pas, sans doute, assez profondes pour contenir une table de toilette : on remplacera donc ce meuble par une planche épaisse de trois centimètres que l'on fera reposer à ses deux extrémités sur des tasseaux cloués aux côtés de l'armoire. Cette planche n'existant généralement pas à la hauteur convenable dans les placards penderies, non plus que dans les entre-portes, force sera d'agencer soi-même les tasseaux de support à la hauteur convenable pour recevoir d'une part la tablette, d'autre part la traverse d'un tiroir s'ouvrant en avant. Si la planche est suffisamment épaisse, il n'est pas à craindre qu'elle fléchisse en son milieu sous le poids de la cuvette et du pot à eau, d'autant plus qu'elle est encore soutenue par la traverse du devant. Cette disposition devient tout-à-fait pratique si on la complète par une tablette longue et étroite placée à 25 ou 30 centimètres au-dessus de la planche principale.

Evidemment, peu de femmes pourraient mener à bonne fin pareil travail ; on devra donc le faire exécuter par le menuisier, à moins que le mari complaisant ne craigne pas de consacrer quelques heures de loisir à réaliser cette petite installation.

La table de toilette mesure 60 à 70 centimètres de profondeur, ou tout au moins la profondeur de l'armoire moins 2 ou 3 centimètres ; elle est pourvue d'un ou deux tiroirs selon l'espace qu'elle occupe. La confection de ces tiroirs sera très simple : ils seront faits avec des planchettes de 2 centi-

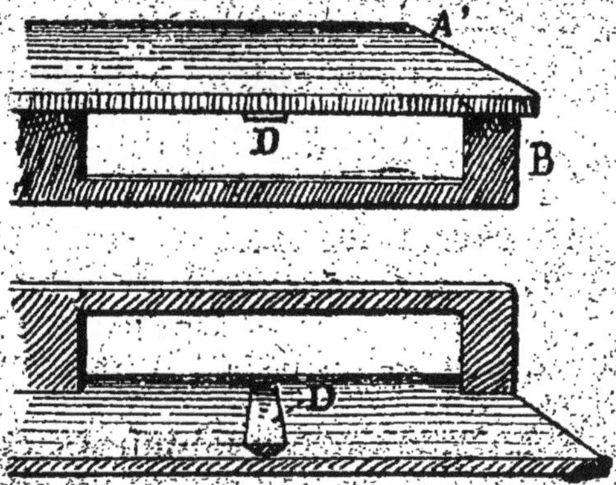

Fig. 20 et 21. — Agencement des tiroirs. D. Taquet.

mètres ½ d'épaisseur pour le devant et 1 centimètre ½ pour le dos et les côtés. La planche représentant le fond du tiroir n'a pas même 1 centimètre d'épaisseur ; elle est enfoncée et collée dans les rainures pratiquées dans toute la longueur des côtés, puis maintenue encore si l'on veut par quelques pointes courtes enfoncées par en-dessous et la fixant au dos du tiroir. Les côtés dépassent sur le devant de toute la profondeur de la feuillure du devant sur laquelle ils sont cloués.

Le système le plus simple pour soutenir le tiroir consiste en une glissière en forme de *queue d'aronde* (1) correspondant à une encoche de forme correspondante pratiquée dans le dos du tiroir qu'elle empêche ainsi de dévier. Mais on voit que, de cette façon, l'entaille du devant de la table de toilette, dertinée à livrer passage au tiroir, est ouverte dans le haut et que celui-ci glisse directement sous la tablette. Les extrémités qui dépassent en avant viennent buter contre le devant de la toilette et l'empêcher d'enfoncer trop avant.

Voilà pour l'ossature en menuiserie de ce cabinet dissimulé à l'intérieur de l'armoire, mais il ne faut pas oublier, avant de terminer la pose et l'ajustage des planches, de le peindre ou l'orner de tentures appropriées.

Dans le cas où l'on utilise un placard

(1) Voy. pour l'explication de ce terme, le *Menuisier Amateur*, 1 volume. Collection Guyot.

déjà existant, on peut recouvrir le mur du fond et celui des côtés, d'une simple couche de peinture laquée (et non à l'huile) blanche

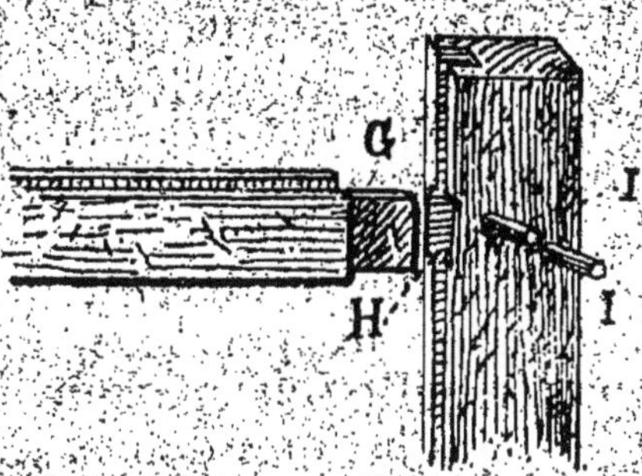

Fig. 22. — Agencement à tenon.

ou vert d'eau, ou encore d'un papier très glacé imitant les carreaux de faïence. Ce papier résiste mieux que tout autre à l'humidité ; on peut même au besoin le laver avec une petite éponge pour faire disparaître les éclaboussures d'eau de savon, à la condition qu'on l'essuie aussitôt. L'usage de ce papier se conçoit encore pour une entre-porte, à moins toutefois que la porte du fond, condamnée, soit décorée de moulures, auquel cas ce papier s'appliquerait mal sur la surface à recouvrir. Il faudrait alors le remplacer par une natte de Chine, tendue de haut en bas et dissimulant les reliefs de la porte. Cette natte n'est pas salissante ; des nattes semblables recouvriront les côtés.

La natte de Chine convient également pour un intérieur de bahut dont on veut ménager le bois ; on peut lui substituer de la toile cirée blanc marbré, ou bien à carreaux de couleur jaunes, rouges ou bleus, d'un aspect clair et gai, ce qu'il faut toujours rechercher. Cette dernière s'assortirait même très bien aux nappes de toilette de coloris pareil, garnies de dentelle. La planche du haut, la tablette étroite, la toilette même, ainsi que l'intérieur des tiroirs, seront recouverts de peinture laquée de teinte foncée (ripolin ou marque analogue quelconque). Dans le fond de ces tiroirs une plaque de verre à vitre coupée bien exactement à la mesure, ce qui est très propre tout en restant peu coûteux. Si l'on n'emploie pas les nappes de toilette, on peut recouvrir la table d'une toile cirée assortie à la tenture du placard, ou bien imitant le linge ; on la cloue sur le bord même de la table avec de petits clous à tête dorée ou nickelée.

Entre la planche du haut et la tablette, on pose une glace basse occupant toute la largeur du placard. Deux autres glaces sont fixées sur les portes. Toutefois, en appréciant la commodité du jeu de ces trois glaces, on peut se contenter de la première seule, mais ce qu'il ne faut pas oublier, c'est le porte-serviettes nickelé vissé au cadre de chacune des portes.

La structure de la porte n'est pas sans importance ; si elle est à panneaux pleins, il faudra faire enlever ceux-ci et les remplacer par des grillages en fil d'acier cuivré ou de laiton, de manière que la porte, une fois fermée, laisse passer l'air nécessaire au séchage des serviettes ; on met derrière ce grillage des rideaux de mousseline ou de toile de soie faciles à blanchir, coulissés en haut et en bas sur des tringles passées dans les ourlets et qui ont pour effet de les maintenir uniformément tendus. Les montants et traverses sont assemblés par tenons et mortaises chevillés ensemble par des goujons coniques dont la pointe est tournée vers l'envers de la porte. C'est par là qu'il faut les repousser en les chassant à l'aide d'un marteau.

On n'a besoin de les suprimer que du côté de la porte opposé aux charnières. Une fois enlevées il ne reste plus qu'à disjoindre les *tenons* des traverses des *mortaises* du montant, ce qu'on fait en frappant avec précaution sur les saillies de celui-ci.

Ceci fait, après avoir glissé le panneau plein hors de son cadre (comme dans la fig. 20), on le remplace par le panneau grillagé que le fabricant livre tout prêt à être posé ; puis remettant tenons et mortaises face à face, on les remboîte les uns dans les autres bien à fond, et on les recheville.

Il arrive parfois même que le panneau de la porte ne soit pas fixé dans une rainure, mais seulement par une règle ou une moulure de bois clouée autour à l'envers. Le travail est, en pareil cas, bien plus simple ; il consiste à faire sauter les règles qui retiennent le panneau plein, et les reclouer sur le panneau grillagé.

Les panneaux de fil d'acier cuivré coûtent de 6 fr. 50 à 15 francs par surface de moins d'un mètre carré, et suivant la largeur des

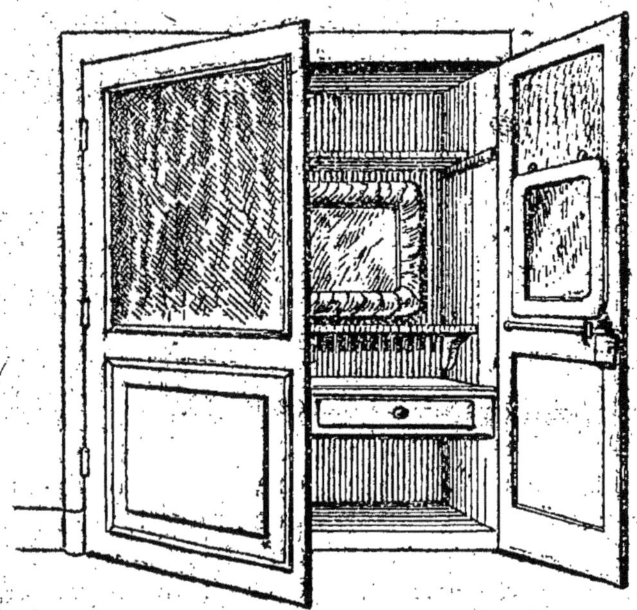

Fig. 23. — Le cabinet de toilette terminé.

maillons, le numéro et la forme ronde ou carrée des fils. Plus le grillage est serré, plus il est cher naturellement. En cuivre il coûte environ le double, et est recouvert d'un vernis doré très brillant.

L'organisation d'un placard ainsi que nous venons de le décrire ne nécessite pas, devant la toilette, de rideaux qui se chiffonnent et se mouillent. Il n'en serait pas de même si l'installation était faite au bout d'un couloir, ou bien dans la chambre même dans un enfoncement de mur non fermé d'une porte. En ce cas, pour dissimuler les seaux, brocs et bain-de-pieds qui trouvent place sous la table de toilette, on suspend devant celle-ci un rideau de cretonne qui court sur une tringle de cuivre ou de nickel, fixée par des pitons vissés ou par des clous cavaliers dans le bord de la tablette sans toutefois gêner l'ouverture des tiroirs. Ce rideau étant fendu dans le milieu manœuvre sans difficulté ; et pour que l'aspect en soit toujours net, il est bon d'avoir deux garnitures de toilette facile à blanchir, de sorte qu'on puisse remplacer l'une par l'autre dès que la première commence à se défraîchir. La garniture de la toilette retombe sur le rideau et en cache la monture.

Comment préserver le parquet, ou bien le tapis ? Par une carpette de linoléum incrusté d'un dessin qui ne jure pas avec le style de la chambre, et qui demeure toujours en place ; ou bien par une grande natte de Chine, doublée ou non de toile cirée, qu'on roule une fois la toilette finie, et qu'on range sous la table de toilette, dans un cabinet noir, ou même sous le lit au besoin, ce qui n'a aucun inconvénient si la pièce est bien tenue.

Lorsque l'entre-porte dont on veut tirer parti n'est pas assez profonde, ni aussi large qu'on le voudrait, on supprime la porte, on fait poser par le menuisier une sorte de cadre qui élargit extérieurement la baie et qui soutient une portière. Bien compris, cet arrangement n'est pas plus laid qu'autre chose ; et il représente encore un exemple de ce qui peut être réalisé dans cet ordre d'idées par une personne adroite et ayant à cœur d'embellir économiquement son intérieur.

Nous terminerons sur ce sujet des transformations ou améliorations d'intérieur par la description de l'ameublement et de la décoration d'un coin de hall agencé en atelier d'artiste, en utilisant les indications pratiques données par MM. Lemoussu et Maheu dans un article de la revue « *Le Chasseur Français* ».

Le hall est une pièce dont l'usage se répand de plus en plus dans les hautes classes de la société. Entre autres avantages il permet d'avoir dès l'abord une impression totale de la valeur décorative de l'habitation. Par définition même, le hall doit être une pièce de vastes dimensions, ce qui permet de le diviser en plusieurs petits coins qui représenteront nettement par leur arrangement et les meubles qui s'y trouveront groupés, soit un salon, soit une bibliothèque,

[illegible]

[illegible] meuble classeur pour les [illegible] estampes, etc., et peut-être un grand [illegible] confortable.

[illegible] au dessus de [illegible]

[illegible]

[illegible] et garnir le meuble de [illegible]

Par contraste, toute la note de [illegible] viendra des objets d'art [illegible]

[illegible]

le moins possible au point de vue décoratif ; il sera de fer forgé, d'un modèle très simple.

Le sol serait en petite mosaïque de pierre qui permet d'obtenir des dessins très décoratifs. Enfin le plafond sera fait de poutres se raccordant aux piliers de l'escalier et donnant son vrai caractère à l'architecture de la pièce ; dans l'intervalle des poutres, une division de caissons, lesquels pourront être peints, ainsi que cela s'est fait, dans le style Renaissance. Dans les piliers et les arceaux de l'escalier, quelques rappels de la peinture des caissons.

Dans un hall ainsi compris, il ne faut pas se préoccuper outre mesure de l'ordonnance d'ensemble, difficile d'ailleurs à réaliser avec des éléments trop divers, car l'autre extrémité de la pièce peut être aménagée en salon. Ce qu'il faut, c'est intéresser par le détail, séduire par une abondance de formes et de couleur, enfin créer une atmosphère où l'on se trouve pénétré du sentiment de la beauté répandue en chaque objet.

Nous pourrions continuer longuement ces descriptions d'aménagements d'intérieurs, mais nous pensons avoir donné suffisamment d'exemples pour que le tapissier amateur, qui doit être avant tout un homme de goût, puisse tirer parti des éléments dont il dispose pour répartir convenablement les divers objets d'ameublement et donner aux pièces à agencer le meilleur aspect, en rapport avec leur destination.

X

Recettes complémentaires

Teinture au brou de noix

Pour donner au bois blanc l'apparence du noyer, on recueille l'enveloppe verte des noix, lorsqu'elle commence à s'ouvrir pour laisser échapper le fruit. On la fait sécher et on fait bouillir environ 200 grammes par litre d'eau pendant deux heures. Mise en bouteille, cette préparation peut se conserver pendant plusieurs années. On donne à la décoction une teinte plus ou moins foncée en augmentant ou en diminuant la quantité d'écorce.

Cette préparation n'a pas besoin d'un *mordant* pour être appliquée. Quand la couche n'est pas encore sèche, on peut imiter les veines du bois avec un pinceau plat et un peigne. Après dessication, une couche d'encaustique donne à la teinture un beau brillant.

Pour chasser l'odeur de peinture

Pour faire disparaître la mauvaise odeur répandue dans une pièce fraîchement peinte il suffit de déposer au centre un seau d'eau dans lequel on a jeté une poignée de foin. On peut obtenir encore le même résultat au moyen d'un réchaud allumé dans lequel on fera brûler des baies de genièvre.

Enduit noir pour fourneau

On mélange 2 parties de graphite, 4 de couperose et 2 de noir d'os dans de l'eau, de manière à former une pâte crêmeuse; la couperose est donnée comme ayant cet avantage de faire adhérer le graphite au fer. Le graphite vaut du reste beaucoup mieux que le noir de fumée, parce qu'il brûle bien moins rapidement et que, par conséquent, l'enduit tient mieux.

Pour donner un beau poli au marbre

Lavez-le bien proprement avec un mélange d'une partie d'eau-forte sur cinquante parties d'eau ordinaire; frottez-le avec quelques noyaux de vieilles noix enveloppées dans un morceau de mérinos en forme de pelotte et repassez-y encore une fois avec un morceau de nape douce et sèche.

S'il s'agit de rendre du marbre blanc devenu malpropre ou jaune par suite d'une tache d'huile, de graisse ou d'autres causes, on se procurera une ou plusieurs onces de chlorure de chaux auxquelles on ajoute dix onces d'eau de pluie par once de chlorure; on laisse déposer le mélange et au moyen de l'eau décantée, on lave la pierre tant que les taches n'ont pas disparu; on lave de nouveau avec de l'eau de pluie claire, et finalement on frotte la pierre avec un linge doux imprégné de cire blanche.

Fissures au parquet

L'examen du parquet dans un appartement nouvellement occupé est de la plus grande importance, car c'est dans ses fissures plus ou moins larges que logent les insectes et les microbes, sans parler de la poussière. Comme ces petites réparations n'incombent pas au propriétaire à cause de leur peu d'apparence, nous conseillons fort de boucher ces fentes avec de la colle forte chaude à laquelle on mélange tout de suite de la sciure de bois pareil à celui du parquet. Quand le mastic est bien sec, on enlève les bavures avec un couteau de peintre ou du papier de verre.

Pour donner la couleur du vieux chêne à un plancher de sapin

Les passer au brou de noix très clair; laisser sécher; passer à l'encaustique dans laquelle on aura mis un sou de curcuma pour un litre d'essence.

Papier de couleur pour décalquer

On obtient du papier bleu, noir ou rouge pour cet usage, en mélangeant intimement une des matières colorantes : soit du noir de fumée, outremer, bleu d'orient, sanguine en poudre, à une solution de savon vert, étendant uniformément le tout sur un papier mince avec un pinceau ou une brosse plate. Ce papier, une fois sec, se conserve très longtemps. On peut en faire des albums et carnets pour garder copie d'un ordre, d'une vente, d'un croquis, etc... Il suffit de l'intercaler entre le dessin à décalquer et la feuille de papier destinée à recevoir la reproduction du calque.

Destruction des vers des meubles

Quand les vers se mettent dans les meubles, on peut les détruire dans les galeries mêms qu'ils se creusent au milieu du bois.

Pour cela, le plus simpe est de boucher tous les trous qui apparaissent extérieurement avec de l'alun calciné en poudre qu'on presse dans le trou avec le bout du doigt; on met par-dessus un peu de mastic auquel on a donné la coloration du bois.

Vernis pour parquets et boiseries

Pour les parquets sur lesquels on ne passe pas souvent, qui ne sont pas soumis à un frottement répété des pieds, et aussi pour les cloisons de bois que l'on rencontre maintenant assez souvent à la campagne, on peut avoir intérêt à recourir à un vernis pour parquets qui est assez employé en Allemagne. On le compose avec 100 parties de gomme-laque en écailles, qu'on fait fondre dans 200 à 250 parties d'alcool (dénaturé comme de juste); on ajoute 1 à 2 parties de baume de copaïba, ou tout simplement de térébenthine de Venise. On peut colorer, si besoin est, avec un peu de terre d'ombre ou d'ocre.

Entretien des meubles en laque

Les meubles en laque tiennent toujours une place d'honneur dans les ameublements. On est toujours à la recherche d'un bon moyen pour les entretenir et leur conserver le lustre et l'éclat qui en font la valeur. Dans ce but, il ne faut pas les **essuyer avec des chiffons de laine ou de** toile, qui ont l'inconvénient de les rayer et de les détériorer : une peau de chamois ou un foulard de soie doivent être exclusivement réservés à cet usage.

Mais le cas le plus grave est celui où le vernis se trouve altéré ou défraîchi : pour lui rendre son éclat primitif, on mouille légèrement la surface, sur laquelle on répand aussitôt une légère couche de poudre d'amidon; puis on frotte doucement, mais avec persistance, de façon à obtenir un polissage aussi parfait que possible. Enfin, on fait disparaître toute trace de l'opération en essuyant bien avec la peau de chamois ou le foulard.

Entretien des tapisseries

Pour diminuer le nombre des mouches qui viennent se poser sur les papiers de tenture et les salir, on se trouve bien, avant d'appliquer les papiers, de bien laver les murailles, puis d'y passer largement un liquide fait d'un quart de litre d'esprit de sel dans un seau d'eau.

Pour faire tenir les clous dans le plâtre

Voici un moyen bien simple pour faire

tenir dans le plâtre les clous qui ont tendance à sortir, en effritant le plâtre du trou où ils sont enfoncés. On prend un peu de colle forte, de ces colles de poisson qu'on vend maintenant en tube, et, au moyen d'un bout de chiffon, on en enduit bien le clou, qu'on a retiré de son trou. On le remet alors en place, et si un peu de colle s'extravase au dehors, on l'enlève au moyen d'un petit linge mouillé. La colle sèche rapidement, son humidité étant alors absorbée par le plâtre, et le clou fait alors absolument corps avec celui-ci. On a conseillé parfois de simplement mouiller le clou, ce qui engendre de la rouille, et soude pour ainsi dire le clou au plâtre; mais, dans ce cas, la formation de la rouille ne se fait qu'assez lentement, et il faut s'attendre, avant de se servir du clou, qu'il soit suffisamment rouillé.

Pour empêcher la peinture de s'écailler

Lorsque des surfaces peintes de bois ou de métal doivent être exposées aux intempéries, il est bon de les laver à fond, tout d'abord, puis de les garnir d'une couche d'huile de lin bouillante qui constitue une sorte de vernis préparatoire. De la sorte, la peinture ne s'écaille jamais; le procédé est à recommander principalement pour les objets en fer; si ceux-ci sont de petites dimensions et peuvent être convenablement chauffés, il est préférable de les chauffer au préalable et de les plonger ensuite dans de l'huile de lin. L'huile bouillante, en pénétrant dans les pores du métal, en chasse toute l'humidité, et la couche de couleur que l'on applique ensuite adhère si fortement que ni le froid, ni la pluie, ni le vent ne peuvent l'entamer.

Nettoyage du marbre

Employez une pâte faite de 4 parties de savon mou, autant de blanc d'Espagne pulvérisé et 1 partie seulement de carbonate de soude. On peut encore (mais surtout quand on veut en même temps repolir un peu le marbre, se servir d'un mélange de 2 parties de carbonate de soude, 1 partie de pierre ponce aussi fine que possible — et obtenue par lixiviation, — enfin 1 partie de craie. On ajoute d'eau ce qu'il faut pour faire une pâte fluide.

Autre recette

La plupart des taches sur les marbres cèdent au traitement suivant. On prend du fiel de bœuf, de l'essence de térébenthine, et l'on ajoute de la terre de pipe pour faire une pâte du tout. On enduit les taches de cette pâte, et on laisse absorber quelques jours.

Nettoyage et revernissage du cuivre verni

Comencer par faire bouillir l'objet de cuivre (démonté, si cela est nécessaire) dans une lessive forte, composée de 100 à 110 grammes de soude caustique ou de potasse par litre d'eau. Quand le vernis est enlevé, polir à la brique et au blanc d'Espagne, puis passer un vernis incolore (au besoin au celluloïd).

On peut aussi frotter les objets en cuivre poli avec le mélange suivant : 4 parties de charbon de bois finement pulvérisé, 3 d'esprit-de-vin et 2 d'essence de térébenthine; enfin on additionne d'eau dans laquelle on a brassé et fait dissoudre le tiers de son poids de sel d'oseille.

Ou encore frotter d'abord avec de la brique pilée fine mélangée de paraffine et formant ainsi une pâte, puis avec de la brique sèche et un morceau de cuir mou. On enduit ensuite d'un peu de vaseline, qui protège le métal du contact du cuir.

Quand on veut employer le sel d'oseille pour nettoyer les cuivres ternis, on doit rincer les objets à l'eau dès que le sel d'oseille a fait son œuvre; on frotte ensuite avec une peau de chamois et un peu de blanc d'Espagne.

Passage des meubles à l'encaustique

Voici une recette qui pourra servir très effectivement pour les meubles ou les petits objets que vous voudrez cirer. Vous mettez au bain-marie fondre une partie de cire blanche, et vous y ajoutez ensuite 8 parties de pétrole (en prenant comme de juste des précautions contre le feu); vous avez ainsi une mixture que vous appliquez à chaud, et, quand le pétrole s'est évaporé, il reste une couche mince de cire qui prend un excellent poli et un joli brillant quand vous le frottez d'un linge de laine.

Dorure du bois

Voici le procédé pour appliquer la dorure sur le bois. Prenez de l'huile grasse de lin; additionnez de camphre, dans la proportion de 10 grammes pour 300 grammes d'huile; aussitôt que le camphre sera dissous, ajoutez de la céruse en poudre, et faites réduire l'huile sur le feu, de manière cependant à lui conserver la fluidité nécessaire. Vous aurez ainsi la « mixtion à dorer ».

Les surfaces de bois à soumettre à la dorure sont nettoyées et préparées pour recevoir cette mixtion; on les en recouvre avec un pinceau. Avant que l'enduit soit sec, on applique dessus à plat des feuilles d'or, tirées de ces livrets que les batteurs d'or confectionnent et que vendent les marchands de couleurs. Chaque feuille posée, on la brosse avec un pinceau de poils de putois, pour la bien étendre partout également, et rendre son adhérence parfaite.

Protection de la dorure des cadres contre le mouches

Pour empêcher les mouches de salir les dorures des cadres, des glaces, en y laissant des traces regrettables de leur passage, on se trouve bien de passer légèrement sur les dorures à protéger un chiffon enduit de paraffine. Il va de soi que la couche doit être fort mince, afin de ne pas s'accuser à l'œil et donner de la matité.

Entretien du marbre

Les statues en marbre exposées à l'air sous notre climat, son seulement noircissent, mais encore se recouvrent facilement de petites moisissures microscopiques qui y forment des plaques vertes. Pour parer à l'aspect déplorable qui en résulte, il convient de faire un mélange de deux parties de cire vierge pour une d'huile d'œillette que l'on obtient en chauffant légèrement, et de le passer à chaud avec un pinceau sur le marbre, dont tous les pores sont ainsi bouchés. On préconise aussi, pour le nettoyage du marbre, de l'eau légèrement acidulée d'acide sulfurique; mais il faut agir dans ce cas avec beaucoup de précautions, pour ne pas attaquer exagérément le marbre sous la morsure de l'acide; un décapage très léger doit suffire.

Peinture des plafonds

Pour repeindre un plafond, on peut employer la préparation suivante : Prenez 1 kilogramme de blanc d'Espagne en poudre que vous mettez dans un récipient métallique et sur lequel vous versez assez d'eau pour le recouvrir; vous avez fait chauffer d'autre part 500 grammes environ de colle forte dans deux litres d'eau, et jusqu'à dissolution complète. Alors vous versez cette solution sur le blanc d'Espagne, et finalement vous mélangez bien en ajoutant pour quelques centimes de bleu d'outremer, les plafonds étant toujours un peu bleuâtres. Avant d'appliquer avec une grosse brosse à poils mous, il faut laver bien soigneusement le plafond à l'eau pure et avec cette même brosse.

Préservation de l'étamage des glaces

Passer derrière la glace ou miroir une couche du vernis suivant : on fait bouillir ensemble 150 grammes de térébenthine, le double de résine et 20 de kaolin, auquel on ajoute 20 grammes également de graphite bien pulvérisé. On applique à froid et en couche bien mince.

Pour entretenir le brillant du cuivre

Pour entretenir le brillant des objets de cuivre, il suffit de passer à leur surface un citron coupé en deux, en frottant dans tous les creux du métal. On lave ensuite à l'eau tiède bien propre et l'on sèche à la peau de chamois.

Pour le mettre à l'abri des causes et des agents qui le ternissent, on passe à sa surface une bonne couche de vernis copal.

Peinture contre l'humidité

Elle peut servir pour le bois comme pour la pierre. Avec de la térébenthine, on mélange de la chaux vive, de la craie, et la couleur minérale que l'on veut donner à l'enduit ; on ajoute de l'huile de lin bouillie, ce qui donne une pâte. On broie cette pâte finement, et l'on verse et amalgame du galipot et de la résine dissous dans la benzine. Les proportions voulues sont obtenues par tâtonnement.

Peinture sur plâtre

La peinture sur le plâtre est un problème difficile, mais non pas impossible à résoudre. Voici comment il convient de procéder : on donne d'abord une impression à l'huile, avec de l'ocre jaune qui pénètre bien dans le plâtre sec. Par-dessus, on donne une seconde couche d'ocre mêlée de blanc : voilà la muraille préparée. Lorsqu'elle est bien sèche, il est bon de lui donner deux ou trois couches d'huile bouillante. On lui donne alors deux impressions successives : l'une à l'ocre rouge mélangée avec du blanc de craie, l'autre avec de l'huile cuite, de la litharge et un peu de cire fondue. Dans les endroits très bas et très humides, cette dernière impression doit être remplacée par un mélange d'essence d'aspic, de litharge et de copal.

Le plâtre ainsi peint est sensiblement inaltérable à l'eau et aux agents atmosphériques.

Pour donner une patine de vieux chêne

Voulez-vous transformer en vieux chêne le bois tout neuf d'un meuble quelconque en chêne, auquel le temps n'a pu encore donner sa patine ? Pour cela, vous n'avez qu'à y faire une application d'ammoniaque liquide au moyen d'un pinceau ; la couche est d'autant plus foncée qu'on renouvelle les applications.

Mise à neuf du cuivre

En versant et en frottant, au moyen d'une brosse dure, de l'ammoniaque fort sur des objets en vieux cuivre, on peut leur rendre l'éclat du neuf. Il faut rincer à l'eau pure après ce nettoyage.

Passage des murailles à la chaux

Le mieux est de passer pour ainsi dire à la chaux vive, ce qui tue les germes en blanchissant. On met la chaux vive dans un seau avec juste assez d'eau pour l'éteindre, c'est-à-dire la faire bouillonner en s'échauffant ; immédiatement ensuite on l'additionne d'eau, pour obtenir un enduit facile à passer, et on l'étend sur les murs.

Bronze liquide

Voici une formule de bronze liquide qui peut avoir des applications multiples. On prend 350 grammes de gomme dammar, qu'on pulvérise finement et qu'on mélange et fait dissoudre dans 1.000 grammes de pétrole, en remuant énergiquement ; puis on ajoute 250 grammes d'une solution à 10 pour 100 de soude caustique dans de l'eau. On laisse reposer ; et comme il s'est alors formé deux couches superposées, on ne prend que celle du dessus ; on la mêle et l'agite avec la même quantité de solution de soude caustique. On obtient ainsi une nouvelle séparation, et la couche superficielle est additionnée d'une poudre de bronze de couleur convenable, à raison de 250 grammes de poudre par litre de liquide.

Pour mettre les bronzes à neuf

Voici une bonne méthode pour mettre les bronzes à neuf. Commencer par débarrasser l'objet en bronze de toute poussière, le laver ensuite dans de l'eau de savon blanc contenant une forte proportion de savon et de l'ammoniaque ; rincer, sécher ; puis frotter avec un mélange de terre pourrie et d'huile ou de paraffine — quand il n'y a naturellement pas de patine à attaquer — ; enfin frotter avec une peau de chamois.

Réparation des vieilles boiseries

Quel chagrin, lorsque des trésors artistiques sont vermoulus, attaqués par les vers ! Voici comment on peut y obvier. On plonge les vieilles boiseries dans un bain chaud, composé de colle forte et de gélatine, et maintenu assez liquide pour que le liquide puisse bien pénétrer dans les pores du bois. En additionnant le bain de quelques gouttes d'une essence odorante quelconque, on décourage, pour l'avenir, les petits insectes destructeurs, et on les empêche de continuer leurs déprédations.

Entretien de l'albâtre

Pour maintenir en bon état les objets en albâtre, les immerger un certain temps dans un lait de chaux, fait d'un peu de chaux éteinte dans de l'eau. On lave ensuite à l'eau claire, et on saupoudre l'objet, quand il est sec, d'un peu de blanc de Meudon. On pourrait aussi recourir à un bain d'eau de savon additionnée de quelques cristaux de soude ou d'ammoniaque.

Brillant pour meubles

On peut faire un bon brillant pour meubles en mélangeant en parties égales de l'alcool et de l'huile de lin ; on remue bien cette mixture, et on l'applique avec un chiffon de laine, en frottant énergiquement comme de juste.

Nettoyage des cadres dorés

Nettoyer les cadres dorés avec une éponge humide trempée d'esprit de vin chaud ou d'huile de térébenthine ; laisser sécher.

Taches de graisse sur le marbre

Former une pâte épaisse avec du blanc d'Espagne en poudre et de l'essence minérale. A l'aide d'un chiffon de laine, frotter le marbre avec cette pâte et ensuite l'essuyer avec un linge sec. On peut aussi faire un lait de chaux en faisant dissoudre soixante grammes se chlorure de chaux dans un litre d'eau. Frotter avec un linge imbibé de ce mélange, rincer aussitôt à l'eau pure, bien essuyer et encaustiquer ensuite le marbre.

Enduit contre l'humidité

Cet enduit, qui peut s'appliquer indistinctement sur le bois, la pierre, la brique, se compose ainsi : 1 kilog. d'huile de lin siccative et 300 grammes cire jaune que l'on fait fondre et bouillir ensemble dans un vase en fonte, puis on ajoute 1 kilog. de blanc de plomb en poudre ; lorsqu'il est bien mélangé, on fait bouillir à nouveau environ cinq minutes, et l'on se sert immédiatement de cette solution pendant qu'elle est chaude en l'étendant avec une brosse à peindre. La seconde couche ne s'applique que lorsque la première est bien sèche. Elle peut s'employer aussi bien pour l'intérieur que pour l'extérieur. Ce préservatif est excellent contre l'humidité ; il ne revient guère qu'à environ 50 centimes le mètre carré.

FIN

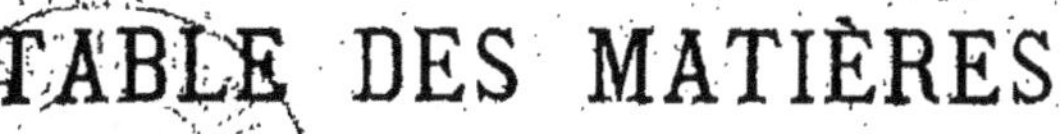

TABLE DES MATIÈRES

Pages

I **Rôle du tapissier. — Confection des rideaux** ... 7

II **Les draperies** ... 13

III **Pose des grands rideaux de fenêtre** ... 19

Pose d'une portière ... 21

Décor de fenêtre ... 24

Pose des cordons de tirage ... 33

IV **Pose des glaces et des tapis** ... 31

V **Pose des tapis** ... 41

VI **De l'aménagement des différentes pièces composant un appartement** ... 51

L'antichambre ... 52

Le salon ... 53

La salle à manger ... 55

L'escalier ... 57

Chambre à coucher ... 58

Cabinet de toilette ... 60

VII **Décoration et ameublement** ... 69

Agencement d'une pièce mansardée ... 77

Pages

VIII **Ameublements de chambres....** 81
Cabinet de travail de dames........ 83

IX **Transformation d'un placard en cabinet de toilette.............** 89

X **Recettes complémentaires du tapissier.** — Teinture au brou de noix.......................... 101
Chasser l'odeur de la peinture...... 102
Enduit noir pour fourneaux........ 102
Pour donner un beau poli au marbre. 102
Fissures au parquet................ 103
Couleur de vieux chêne au sapin.... 104
Papier de couleur pour décalquer ... 104
Contre les vers des meubles........ 104
Vernis pour parquets 105
Entretien des meubles laqués....... 105
Entretien des tapisseries........... 106
Pour faire tenir les clous dans le plâtre.......................... 106
Pour empêcher la peinture de s'érailler.......................... 107
Nettoyage du marbre, du cuivre verni 109
Passage des meubles à l'encaustique. 109
Dorure du bois. — Protection des dorures contre les mouches....... 111
Pour entretenir le brillant du cuivre. 112
Peinture contre l'humidité.......... 113
Peinture sur plâtre 113

Pages

Pour donner une teinte vieux chêne au bois........................ 114
Remise à neuf du cuivre.......... 114
Passage des murailles à la chaux... 115
Formule de bronze liquide........ 115
Réparation des vieilles boiseries.... 116
Entretien de l'albâtre............ 116
Brillant pour meubles............. 117
Nettoyage des cadres dorés........ 117
Taches sur le marbre............. 117
Enduit contre l'humidité.......... 118

Grande Imprimerie de Troyes, 126, rue Thiers

EXTRAIT DU CATALOGUE

MANUELS ET JEUX DE SOCIETE

801 **Mickiewicz.** — 100 Tours de cartes faciles...... 1 v.
802 **H. de Graffigny.** — 100 Expériences électriques.. 1 v.
803 — 100 Expériences physiques 1 v.
804 — 100 Expériences chimiques 1 v.
805 **J. Desloir.** — L'art de tirer les Carte........ 1 v.
806 **Comte de St-Germain.** — L'Oracle du Destin... 1 v.
807 808 **Mercurius.** — Les Songes expliqués....... 2 v.
809 **J. de Riols.** — Le Langage des fleurs........... 1 v.
810 **R. Théo.** — Silhouettes à la main (Ombres faciles).. 1 v.
811 **Caroly.** — Tours faciles d'escamotage.......... 1 v.
812 **E. Ducret.** — Jeux innocents avec gages et pénitences. 1 v.
813 — Le Farceur parisien............. 1 v.
814 **Caroly.** — 100 Récréations amusantes........... 1 v.
815 **E. Ducret.** — Oracle universel des Dames et des Demoiselles.. 1 v.
816 — Explication des Songes, Rêves et Visions 1 v.
817 **H.-M. Audran.** — Encyclopédie des Jeux....... 1 v.
901 **L. de Beaumont.** — Curiosités de la Science.... 1 v.
902 **Ed. Teyssonneau.** — 100 Récr. mathématiques.. 1 v.
903 — Récréations enfantines à la veillée 1 v.

SCIENCES OCCULTES

1001 **De Rémora.** — Doctrines et Pratiques du Spiritisme... 1 v.
1002 — Phénomènes du Spiritisme.... 1 v.
1003 1004 **Decrespe.** — La Main et ses Mystères... 1 v.
1005 1006 — Manuel de Graphologie appliquée. 1 v.
1007 — Magnétisme, Hypnotisme, Somnambulisme 1 v.
1008 — Le Grand et le Petit Albert. 1 v.
1009 **L. Clément.** — La Lecture de Pensées........ 1 v.
1010 **Dr Ely Star.** — Astrologie populaire......... 1 v.

Chez tous les libraires : 0 fr. 20 — Franco-poste : 0 fr. 25

EXTRAIT DU CATALOGUE

MANUELS UTILES

701 702 **M. Decrespe.** — *Electricité,* applications domestiques et industrielles........... 2 v.
703 **H. de Graffigny.** — Le jeune Electricien amateur 1 v.
704 **L. Tranchant.** — Manuel du Photogr. amateur.. 1 v.
705 **H. de Graffigny.** — Manuel du Cycliste......... 1 v.
706 **Audran.** — Traité de danse. — Cotillon......... 1 v.
707 — Traité de politesse. — Les Usages et le Savoir-vivre.................... 1 v.
708 **M. Decrespe.** — Le petit Cycliste amateur...... 1 v.
709 **Pierre Deloche.** — Traité de pêche à la ligne... 1 v.
710 **Madame X...** — Cuisinière des petits ménages.. 1 v.
711 **E. Ducret.** — Pâtissière des petits ménages.... 1 v.
712 — Boissons et Liqueurs économiques des petits ménages........... 1 v.
713 — Recettes économiques des petits ménages........................ 1 v.
714 **L. Tranchant.** — Le petit Jardinier amateur... 1 v.
715 **A. Ducos du Hauron.** — Photographie des couleurs 1 v.
716 **E. Ducret.** — Le Secrétaire enfantin.......... 1 v.
717 — Le Secrétaire des Cœurs aimants.. 1 v.
718 — Le Secrétaire pour tous.......... 1 v.
719 **G. Albert.** — Manuel du Pâtissier-Biscuitier... 1 v.
720 **E. Ducret.** — Manuel complet de Cuisine....... 1 v.
721 **J. Quillon.** — Manuel de Gymnastique......... 1 v.
722 **H. de Graffigny.** — Manuel pratique du Conducteur d'Automobiles........................ 1 v.
723 **Ch. Lafont.** — Le Livre d'or des Ménages...... 1 v.

Chez tous les libraires : **0 fr. 20** — Franco-poste : **0 fr. 25**

EXTRAIT DU CATALOGUE

PETITE BIBLIOTHÈQUE AGRICOLE PRATIQUE

Publiée sous la direction de J. RAYNAUD

Directeur de l'École pratique d'Agriculture de Fontaines (Saône et Loir

601 **J. Raynaud.** — Le Sol et les Engrais .... 1 v.
602 — Matériel et Travaux de Culture 1 v.
603 **L. George.** — Les Cultures et leurs Ennemis.. 1 v.
604 **A.-E. Hilsont.** — La Viticulture .... 1 v.
605 **P. Granger.** — Le Jardin de la Ferme.......... 1 v.
606 — Fleurs et Plantes d'agrément ... 1 v.
607 **Ch. Billon.** — Vins et Eaux-de-vie............ 1 v.
608 **Aug. Eloire.** — Le Cheval....................... 1 v.
609 **Ch. Seltensperger.** — Chevaux, Bœufs et Vaches 1 v.
610 **Ch. Rolland.** — Moutons et Porcs .... 1 v.
611 **Aug. Eloire.** — Les Maladies du Bétail......... 1 v.
612 **V. Houdet.** — Lait, Beurres et Fromages........ 1 v.
613 **R. Hommel.** — Manuel d'Apiculture........... 1 v.
614 **D. Zolla.** — Économie rurale .... 1 v.
615 **P. Zipcy.** — Aviculture et Pisciculture......... 1 v.
616 **Amédée Gonillon.** — Législation agricole...... 1 v.

Un volume broché..... **0 fr. 20**
— *cartonné* ... **0 fr. 40**

Franco poste, broché : **0 fr. 25** *artonné* : **0 fr. 50**

EXTRAIT DU CATALOGUE

ŒUVRES DE PAUL FÉVAL

1 2 Le Fils du Diable .... 2 v.
3 4 Les Marchands d'argent.... 2 v.
5 6 Les Trois Hommes rouges.... 2 v.
7 8 La vengeance de Bluthaupt.... 2 v.
9 Ceux qui aiment.... 1 v.
10 Haine de races.... 1 v.
11 12 Le Cavalier Fortune.... 2 v.
13 14 Chizac-le-Riche.... 2 v.
15 Le Vulnéraire du Dr Thomas.... 1 v.

Les Parents Terribles :

16 Les Chenilles du ménage.... 1 v.
17 Enfin seuls!.... 1 v.

ŒUVRES DE PAUL FÉVAL FILS

21 22 Le Loup-Rouge.... 2 v.
23 Le Testament à surprises.... 1 v.
24 25 Le Faux-Frère.... 2 v.

Histoire d'Outre-Tombe :

26 Une soirée chez la Marquise.... 1 v.
27 Le Judas Breton .... 1 v.
28 Le Bouquet du Moribond.... 1 v.

Les Amours du Docteur :

29 Tuteur infâme.... 1 v.
30 Vierge-mère.... 1 v.

Les Bandits de Londres :

31 L'Œil de diamant.... 1 v.
32 La belle Indienne.... 1 v.
33 Trois Policiers.... 1 v.
420 Un Notaire embêté.... 1 v.

ŒUVRES DE CHARLES DE BERNARD

72 La Chasse aux Amants.... 1 v.
73 Le Gendre.... 1 v.
74 Une Aventure de Magistrat.... 1 v.
75 Le Vieillard Amoureux.... 1 v.
76 L'Homme de cinquante ans.... 1 v.
77 La Femme de quarante ans.... 1 v.

Chez tous les libraires : 0 fr. 20 — Franco-poste : 0 fr. 25

EXTRAIT DU CATALOGUE

ŒUVRES DE FENIMORE COOPER

201 202 Le Corsaire rouge.................. 2 vol.
203 204 Le dernier des Mohicans.............. 2 vol.
205 206 La Longue-Carabine.................. 2 vol.
207 208 La Fille du Sergent.................. 2 vol.
209 210 Rosée-de-Juin........................ 2 vol.
211 212 Bas-de-Cuir.......................... 2 vol.
213 214 La Prairie........................... 2 vol.
215 216 Le vieux Trappeur.................... 2 vol.
217 218 Le Tueur de daims.................... 2 vol.
219 220 Œil-de-Faucon........................ 2 vol.
221 222 Le Cratère ou les Robinsons américains. 2 vol.
223 224 L'Espion............................. 2 vol.
225 226 Aventures d'un Capitaine américain... 2 vol.
227 228 A bord et à terre.................... 2 vol.
229 230 Un Cousin d'Amérique................. 2 vol.
231 Les Chasseurs de phoques............. 1 vol.
232 Dans les glaces du Sud............... 1 vol.
233 L'Orteil de Satan.................... 1 vol.
234 L'Indien Sans-Traces................. 1 vol.

J.-B. WYSS

249 250 Le Robinson Suisse................... 2 vol.

PAUL DE SÉMANT

Aventures de Dache :

294 Le Perruquier des Zouaves............ 1 vol.
295 Le Sergent Dache..................... 1 vol.

THÉODORE CAHU

296 297 Une Fortune dans les nuages.......... 2 vol.
298 Les Naufragés du ciel................ 1 vol.
299 300 L'Ile désolée........................ 2 vol.

Chez tous les libraires : 0 fr. 20 — Franco-poste : 0 fr. 25

www.ingramcontent.com/pod-product-compliance
Ingram Content Group UK Ltd.
Pitfield, Milton Keynes, MK11 3LW, UK
UKHW021540260726
13993UKWH00002B/567

9 782019 918279